司法改革中司法形象的公共媒介再现研究

王黎鹏　著

中国出版集团有限公司
華文出版社

图书在版编目（CIP）数据

司法改革中司法形象的公共媒介再现研究 / 王黎鹏著. -- 北京 : 华文出版社, 2025. 3. -- ISBN 978-7-5075-6155-5

Ⅰ. D926.04; G219.2

中国国家版本馆CIP数据核字第2025X6Q730号

司法改革中司法形象的公共媒介再现研究

作　　者：王黎鹏
策划编辑：董　易
责任编辑：刘　健
特约编辑：王　燕
出版发行：华文出版社
地　　址：北京市西城区广外大街 305 号 8 区 2 号楼
邮政编码：100055
网　　址：http://www.hwcbs.cn
电　　话：总编室 010-58336210　编辑部 010-58336238
　　　　　发行部 010-58336267　010-58336202
经　　销：新华书店
印　　刷：固安兰星球彩色印刷有限公司
开　　本：710mm × 1000mm　1/16
印　　张：12.5
字　　数：220 千字
版　　次：2025 年 3 月第 1 版
印　　次：2025 年 3 月第 1 次印刷
标准书号：ISBN 978-7-5075-6155-5
定　　价：78.00 元

目 录

绪 论

第一节 研究的缘起和问题的提出

经过改革开放40多年的高速发展，中国社会经历了翻天覆地的变化，继而进入到一个崭新的发展阶段。经济方面，以往粗放型的发展模式不再被提倡，接近两位数的经济平均增速开始回落，取而代之的是调整经济结构、强调包容发展、保持中高速增长的经济新常态；政治方面，全面从严治党摆到更加突出位置，反腐败斗争常抓不懈，以党的建设推动中国式现代化建设各项事业有序发展；社会方面，贫富分化有继续扩大的风险，各种社会矛盾进入高发期，环境问题、就业问题、民生问题时刻考验着党和政府的执政水平和治理能力。

中国共产党不同于其他社会主义以及西方资本主义政党的显著特点之一就是，中国共产党是学习型政党，她始终带着问题意识，对各种民意诉求和实际问题有积极的回应。这保证了在面对新的发展形势和社会问题时，中国的体制能够与时俱进，及时给予回应，并作出正确的选择。在当前形势下，“依法治国”成为解决各种发展问题的重要思路。

1997年，党的十五大确立依法治国基本方略，法治建设启程。1999年，九届全国人大二次会议将“依法治国”写入宪法，赋予其宪法权威。党的十八大全面阐述推进依法治国重要思想，法治建设全面深化。2020年11月，中央全面依法治国工作会议首次提出习近平法治思想。这一思想内涵丰富、逻辑严密，是马克思主义法治理论中国化最新成果，是新时代推进全面依法治国的根本遵循和行动指南。

可以说，依法治国的确立和推进，是我国历史发展的重要里程碑，是我国政治法律制度向现代转型的重要标志。而要实现依法治国，对于中国这个有着数千年集权史和人治史的国家来说，司法的改革和法治的实现，绝不单单是技术层面的调整，更需要思想层面的变革。

更进一步说，司法改革的成功，不能仅是社会精英们的闭门造车，不能仅依靠自上而下的改革路径，而更应该开启民智，让法治观念深入人心，成为社会共识，进而使更多民众声音得以传达、更多民众利益得以体现、更多民众权利得以参与博弈。而要达成这些愿景，需要寄托于大众媒介。媒介的意义和作用在于它不仅可以使司法议题始终居于舆论中心视野，更重要的是，它可以通过一件件司法案例、一个个典型人物，把晦涩、高深、专业的司洪问题形象化，从而降低普通公众参与司法议题的门槛，扩宽普通公众参与改革讨论的范围。

于是，我们探讨的核心问题出现了——媒介再现的司法形象——它显然承载着沟通改革参与的上下力量、勾连司法场域的内外群体的重要意义。一方面，它影响着绝大多数公众对司法体制和司法改革的印象和认知，凝聚着社会的共识；另一方面，它参与着司法组织成员的自我定义和身份认同，进而规范着他们的意识和行为。

著名的公共关系专家亨得利·拉尔特有过一句名言，“形象 90% 靠自己做，10% 才靠宣传”。这一说法在肯定形象主体的主观能动性、鼓励主体做好本职工作方面有着积极的意义。但是，过分强调形象主体在整个形象体系中的地位，有着排斥其他因素的嫌疑，这显然和建构主义的观点有着明显的出入。对于形象问题，建构主义认为，形象和主体本身之间并没有直接的联系，形象是社会构建的产物，人们对某一事物的认知和评价取决于大众媒体、社会舆论等具备构建能力的势力对事物作出如何的反映和呈现。不可否认，建构主义的观点可能会使我们对形象问题的认识从一个极端拉向另一个极端，但是，其对媒介在创造事物形象的过程中所发挥的重要作用的肯定，是和部分传播学的观点不谋而合的。

有趣的是，当我们在谈论社会转型之下的司法改革的时候，媒介环境也在经历着一场方兴未艾的变革。这使得我们在考察司法媒介形象的时候，必须把司法的转型和媒介的转型因素考虑在内，并将其共同置身于社会转型的大背景之下。

随着时代的发展和社会的进步，过去那种“报喜不报忧”“只有表扬没有批评”的单一式、命令式宣传模式已经一去不返。随着社交媒体的发展，党媒让渡出更多的话语空间，社会化媒体获得了越来越多的监督权利，更多监督与批评的新闻报道也就随之出现，尤其是在对司法议题的报道中，监督与批评已经逐渐成为报道的主流。对于某些受众而言，似乎党媒所努力营造的那个公正、廉洁、为人民服务的司法形象并不能让他们完全信服，而社会化媒体所勾勒出的那个负面的、消极的、效率低下的、贪污腐化的、滥用特权的司法系统形象似乎很有市场。

毋庸置疑，媒体报道中的司法形象和现实中的司法表现应该区分看待。“狗咬人不是新闻，人咬狗才是新闻”“好事不出门，坏事传千里”，简单的新闻价值逻辑就可以解释为什么媒体报道中的负面新闻居多。由于司法话题的特殊性，以及同人民生活的紧密性，这种选择性的报道模式似乎更加严重。

而事实上，我国的司法实践要比媒体上所展现的好得多。首先，政法系统切实维护党的执政地位，切实维护国家安全，切实维护人民权益，确保社会大局稳定的根本宗旨没有改变，这是由我国社会主义制度和人民民主专政的国体所保证的，只要社会主义国家的政治体制不改变，这一根本宗旨就不会改变。第二，全国范围来讲，政法系统仍然有着非常高效的表现。近年来，我国在安全领域取得了举世瞩目的成就，是全球命案发案率最低、刑事犯罪率最低、枪爆案件最少的国家之一。2022 年我国人民的安全感高达 98.6%，中国成为世界上公认最安全国家之一。政法机关在预防打击犯罪、驾驭社会治安局势、保护群众利益的能力在不断提高。第三，大部分政法干警尽职尽责，近些年涌现出一大批模范人物。如“破案专家”崔道植、“英雄法官”周春梅、“最美检察官”张飚等，他们都是尽忠职守、密切联系群众的典型，更是全国 300 万政法干警的缩影。第四，政法队伍受到严格的纪律约束。党和国家向来重视政法队伍的纪律建设，特别是党的十八大以来，中央政法委始终把“过硬队伍”建设摆在“三大建设”之一的地位，并于 2021 年在全国开展了“政法队伍教育整顿”；公安部、最高人民法院、最高人民检察院分别出台公安干警“三条纪律”、法官“十个不准”、检察官“八条禁令”等规定，严抓队伍作风问题，保障了队伍的战斗力，维护了队伍的形象。

正因为如此，许多政法干警在面对媒体某些“一边倒”的指责和批评时，往往感到十分委屈。特别是一些地方政法部门，在面对强势媒体的偏见报道时，更加没有招架之力。笔者接触到的基层干警就经常抱怨，一边是来自上级领导部门的工作压力,另一边是来自媒体和群众的舆论压力,他们常常觉得受到了“夹板气”,认为掌握着公权力、被外界认为处于强势地位的自己在媒体面前反而变成了“弱势群体”。这些现象说明了政法系统、媒体系统和人民群众三者之间存在着某种偏见和误解。

我们不能忽视偏见和误解的长期堆积,任其发展的结果将不利于一个理性、协商、包容的社会氛围的营造,并毫无疑问地会对司法改革和法治中国的最终达成形成干扰。也正因为如此,本书试图对媒介所再现的政法形象展开深入研究和探讨,也就有了更多现实意义和社会价值。

当然,理想状态下,司法、媒介和公众三者的利益应该是一致的,即通过各自掌握的权力资源完成对公共利益的维护,而上文中提到的三者之间出现的偏见和误解,还需要通过严谨的学术研究加以印证。学术研究所提出的问题,可以分为政策指导型、现象描述型和理论构建型。而事实上,政策指导型的研究路径如果缺乏严谨的实证调查和理论基础,只能使研究流于经验主义和主观主义,而这也正是现阶段我国以政府形象为代表的形象研究的一个通病,因此笔者的兴趣并不在于此。笔者所希望达到的目的,是通过对现象的实证把握,结合完备的研究范式和理论推理,进而拨开表层的迷雾,探究问题的实质。

与此同时,当我们把原本已经非常复杂的司法问题放置于媒介的研究视野,似乎有着把复杂程度提升的可能。因此,我们还要借助福柯(Michel Foucault)、布尔迪厄(Pierre Bourdieu)等人的智慧,为研究提供指引与指导。

正如福柯所暗示的,大众媒介对知识的传播方式表现出权力的战术——权力以各种策略来操控知识的传播密度和修辞手段,更常见的是对知识对象“呈现”方式的精心策划,通过变形、渲染、夸张或者重复等手段来实现对“他者”的煽动、挑拨和刺激。终其一生,福柯并没有给予传播问题更多的关注,他对于传播学的价值在于其动态的、流动的、非实体的权力观为新闻生产提供了一种超越于“拟态环境”(pseudo environment)和“议程设置”(agenda setting)的观察视野。

而相比于福柯,布尔迪厄在阐述权力的影响机制时则把目光投射到了资本主义新闻场域。这是因为,新闻场域更容易受到其他场域的外部影响,并在其场域内部体现出来。正在经历社会转型的当下，中国的传媒业本身也正处于调整和变革的过程当中，这使得中国的媒介场域也开始具备了权力资本之间冲突、争夺、控制的博弈特征，从而对包括司法形象在内的诸多社会议题的再现产生深远的影响。

如果我们承认福柯关于权力、知识与交往关系的发现对于传播学具有正确的指导意义的话，如果我们承认布尔迪厄的场域理论对于当下中国的媒介实践具有一定的解释力的话，基于纵向递进的研究思路，我们就可以对司法形象的媒介再现提出以下问题：在当下中国的传播语境中，代表不同利益群体、居于不同利益诉求的各类媒体所再现出的司法形象究竟如何？在再现的过程中，媒体使用了哪些策略和手段去选择、加工、变形、夸张、重构了政法形象？而这些策略和手段的背后，又隐藏着怎样的权力变化、遵循着怎样的权力控制呢？

如果能够对以上问题作出很好的解答，将使我们的研究从对现象的描述推向更深的层次，以洞悉社会转型背景下媒介与司法的关系，以及媒介在司法改革中能够发挥的积极作用。而这也正是本书需达成的最终愿景。

第二节　文献综述

一、对相关研究文献的评述

通过对所接触到的文献做认真研读和总体把握，笔者发现近些年国内相关研究呈现出以下特点：

1. 注重结合中国实际，反映出摆脱西方理论限制的自觉意识

诚然，不管是传播学还是形象学，当年我国都没有合适的土壤环境孕育出自己的理论发现，其概念和理论都有赖于从西方学界引进吸收。但是，在“西学中用”的过程中，“洋理论”总会遇到“水土不服”的问题，特别是形象传播涉及政治传播、政府传播的内容，中国有别于西方的政治体制和国情，使得西方许多理论在中国的现实语境下成为伪命题。这就要求我国理论界要具有“本土化”的理论自觉，理论只有结合实践才能变得生动和有生命力。在相关研究中，我国学者在充分吸收西方理论的基础上，从中国国情、文化、政治、经济

的实际情况出发，进行了许多有益的理论探讨，反映出摆脱西方理论局限的自觉意识。

2. 注重结合新的传播环境，尤其关注新媒体的兴起

新的传播技术的出现，使得过去的信息传播在速度和容量上都以几何倍数增长。我们正处于一个信息爆炸的时代，在这样的传播环境下，政府的科层化管理被打破，政治传播和组织传播变得空前扁平化，互联网快速的口水集聚效应可能使辛苦打造的形象一夜坍塌。中国的学者特别重视互联网、微博、微信等新兴媒体对既有概念的冲击，这是因为新媒体的巨大影响力使得人们无法对其视而不见。注重结合新的传播环境进行形象研究，这是一种更加注重实践过程以及解决在这一过程中所产生问题的研究态度，在本书中也没有回避这一问题，除对传统媒介的考察之外，本书还特别加入了对司法自媒体的考察，大量的这方面的前人研究能为司法自媒体的考察提供帮助。

3. 注重结合实证研究

在笔者掌握的文献材料中，实证研究和以实证研究为主要研究方法的文章占了很大的比重。纯粹的逻辑思辨如果缺乏哲学高度，往往会变得空洞无物，必须结合一定的实证研究，才能使结论更加扎实、经得起推敲。过去在传播学研究中，实证研究存在着明显不足的问题，曾经有学者使用文献计量法对 1995 至 2007 年间《新闻与传播研究》《现代传播》《国际新闻界》《新闻大学》中所发表的论文进行分析，发现采用实证研究方法的论文率仅为 5.6%，而传统的思辨论证法则占据了全部论文的 65.4%，此外，加之使用二手资料的研究，间接研究占全部论文的将近 90%。而就笔者所接触的形象研究论文而言，其中过半采取了实证研究方法，可以说，起码在形象传播领域，实证研究不足的现象已经得到根本性的扭转。

二、相关研究的不足

学术研究的进步，正是在肯定和吸收前人研究成果的基础上，发现和弥补前人的不足。在我国，相关研究虽然取得了相当大的成绩，但是也存在着许多不足甚至误区，亟待后来者加以补充和纠正。

1. 对策型研究过多

这一问题前文中已有交代。如在政府形象、公安形象的研究中，很大一部

分是对政府、公安部门如何塑造良好形象给出的建议，无非也都是诸如“做好自身”“搞好宣传”等；又如在司法与媒介关系的研究中，很多文章也是在给双方提建议，如司法方面要“善待舆论”“多做沟通”，媒介方面要“加强自律”“强化他律”等。笔者并无刻意贬低此类文章价值之意，只是此类对策如果没有经过严密的理论论证和逻辑推理，就会使研究陷入经验主义、主观主义和功能主义的陷阱，并且这种研究对理论本身并无太多裨益。当然，对策研究中仍不乏理论价值和现实意义兼具的佳作，如吴小冰的《政府危机信息修复策略和媒体效能研究——归因理论与信息修复理论的视角》、于惠惠的《本诺伊特信息修复理论及其中国语境应用性研究》等。

2. 过于关注传播效果，进行负面预设

目前传播学对形象研究很大一部分都聚焦传播效果分析，即什么样的形象展示导致了公众什么样的理解和印象。大部分的研究是一种“媒介属性（如获利性、责任性）—新闻实践—传播效果（社会影响）”的研究路径，最终的落脚点还是对形象产生的社会影响的描述，也就是说，大部分的研究都是一种从本质到表象的思路，但对本质的论证又显得很浅显，明显缺少实证依据和理论堆砌。很少有研究能反其道而行之，做到从现象到本质，通过媒介形象和传播效果的描述回溯造成这种表象的原因和逻辑。这两种研究思路恰恰反映了两种不同的研究目的，一种是要弄清事实，另一种是要弄清原因。本书的研究属于后者。

另外，形象研究中，尤其是对政府、公安的形象研究，很多研究者往往喜欢进行负面形象占据主流的预设，并以此作为研究的起点，动不动就冠以“形象危机”的提法。但是，这种说法又缺乏足够的实证数据作为依据。本书也涉及了司法的媒介形象危机问题，但这一说法是有着严格的实证检验作为依托的。

3. 研究中传播学理论运用不足

传播学在形象研究中仍处于边缘地位，这一点在笔者对相关文献的整理中得到了印证。在大部分的形象学研究文章中，运用传播原理进行形象分析的研究仍占少数。造成这种现象的原因并不难猜测，目前国内许多进行形象研究的学者大都出身于公共关系学、管理学、社会学等领域，因此由他们写作的文章大都没有脱离公共关系和企业管理的框架。而自觉利用传播学原理进行形象研究的学者则大部分出身于传播学领域，近些年来他们的科研成果极大地推动了两个学科视野的融合。但是需要指出的是，传播学者们在进行形象研究时，大都试图将形象主体的实体形象和媒介形象进行一定程度上的弥合，不敢完全抛开实体形象而单对媒介形象进行分析，在理论方法上，也多于本学科之外寻求社会学、公共关系学理论的帮助，这在一定程度上反映出现阶段传播学研究缺乏理论自信的现实情况。

4.政法系统形象研究是空白

根据已经掌握的文献可以看出，作为单一职能部门的公安系统的形象研究在国内开展时间较长，取得成果较多，但对其他政法部门，如法院、检察院、司法行政部门的形象研究则开展较少，而将政法形象作为一个整体进行观察的研究则基本处于空白状态。作为国家治理体系最为重要的组成部分，较之公安等单一职能部门，整个政法系统与政权本身有着更加紧密的联系性和更加直接的指向性。在某些场合下，政法形象就代表党和政府的形象，老百姓对政法工作的态度和认知一定程度上反映了对政权的态度和认知。例如，我们在影视作品中经常看到的一个场景是，面对公安机关、审判机关或监狱警察时，犯罪分子往往言必称“报告政府”，此时，政法机关就代表着国家的意志。这不单是某种约定俗成，更是一种法理意义上的绑定。特别是在我国，作为大众而言，人们对政法机关往往冠以“公检法”的称谓，在很多人的意识中，“公检法”就是政法系统的代名词。由此可见，将政法形象作为一个整体进行探讨有其现实必要性。目前，对于政法系统形象的整体把握在学术界仍然较少，而在社会转型和司法改革的今天，填补这一空白有着很重要的现实意义。

第三节　基础理论和研究方法

一、基础理论概述

（一）媒介社会学

本书借助于司法形象的媒介再现这一切入点，试图发现在社会转型的背景下媒介与司法的互动关系，以及媒介能够在司法改革的进程中发挥出怎样的作用。这也使本书在相当程度上具备了媒介社会学的属性。

媒介社会学是运用社会学理论，分析传播过程，研究媒介和社会的相互作用和相互影响规律的社会学分支。麦奎尔（Mcquail）对媒介社会学的把握得到了大多数研究者的认可，他将作为社会过程的大众传媒看作各种社会关系的中介，并将这种中介作用置于社会框架中，进一步探讨社会的主要组成机构、媒介与公众的相关联系。

麦奎尔的观点和传播政治经济学派的莫斯可（Vincent Mosco）不谋而合，后者提倡媒介研究的“非中心化”，强调对媒介的观察不能独立于社会体系之外，必须将其“置于出政治、经济、文化所产生的生产与再生产的构架之中，进而避免传播本质主义”。这点也正是本书所遵循的研究原则。

整个西方传播研究的历史就是媒介社会学发展的历史。而在中国，由于改革开放后，中国媒介体制的转型不论是从规模上还是从影响上都前所未有，媒介与社会的关联也发生着翻天覆地的变化——这种形容一点都不过分，今天，媒介已经成为社会发展的重要推动力量和塑形要素——这也为中国的传播社会学研究提供了鲜活的材料。通过后文，对各个历史时期司法议题报道的新闻实践的展示，我们就可以明显地感觉到这种变化的深刻程度。

近些年来，有很多传播学前辈对我国媒介体制改革和由此引发的媒介与社会关系的深刻变化作出过深入的研究，其中不乏经典之作。如潘忠党的《新闻改革与新闻体制的改造——我国新闻改革实践的传播社会学之探讨》、陆晔的《成名的形象：社会转型过程中新闻从业者的专业主义话语建构》、童兵的《从“外部断奶、内部搞活”说起——兼议新闻体制改革的目标设定》、喻国明的《媒体的竞争时代》等文，以及张志安的博士论文《编辑部场域中的新闻生产——南方都市报个案研究（1995—2005）》、洪兵的博士论文《转型社会的新闻生产——南方周末的个案研究（1983—2001）》，都以转型中的中国媒介为研究对象，探究出了结合中国现实的媒介社会学研究路径。本书也将通过对前辈们的智慧进行借鉴，希望更深刻地理解体制转型过程中的中国媒介对于涉及司法形象这一广泛的社会议题时所进行的新闻生产活动。

这里还需进一步说明的是，记者在新闻采写中，对客观事实的了解渠道有两种，一是亲身经历，二是依赖消息源。根据传播社会学的观点，消息源不可能是中立的传递渠道，恰恰相反，消息源往往是新闻事件，或曰客观世界的“初创定义者”，他们采用自己的观察角度，选用自己的语言，描述自己眼中的客观世界。记者所得到的解释是这个经消息源运用他们的阐释框架加工的“客观”世界。对于司法新闻，尤其是一些案件信息来说，新闻记者很难有现场经历的可能性和深入调查的合法性，因此更依赖于司法机关这个权威信源所提供的信息。显然，司法机关在垄断司法信息的同时，也在对信息进行有利于自身的选择、加工和构建。这也正是本书突破以往的只对新闻生产场域进行透视，而要深入到司法系统内部进行观察的原因。

（二）场域理论

布尔迪厄的场域理论经常被学者们用来分析新闻的社会生产，这些学者当然也包括布氏本人。编辑部场域足够开放，受到的来自政治、经济、社会权力的影响又是如此明显，以至于我们分不清人们到底是在用场域理论来透析新闻生产，还是在用新闻生产来佐证场域理论。

本书的研究目的在于找到影响司法形象媒介再现的深层次因素，这些因素包括媒体的利益诉求、意识形态倾向、所遵循的价值逻辑、所处的立场和所代言的群体，而这些因素归根结底反映着各种权力在媒介场域对抗和博弈的结果。显然，布尔迪厄的场域理论是目前为止最适合解答这一问题的理论，因此本书也将场域理论确定为研究的基础理论。

当然，场域理论犹如取之不尽的丰富矿藏，当我们借助它对事物进行观察时，往往由于布尔迪厄思想的丰富和宏大而陷入选择的迷茫。本书将以布氏理论中两个最常用的概念——“习性”和“资本”，这也是场域理论的支柱——作为观察的主要维度，分析各种权力进入场域后所进行的资本争夺以及对场域习性的改造。

值得一提的是，作为社会学的重要理论发现，场域理论并不只是在对新闻生产的解释上具有明显的适用性，原则上，它可以被运用到各个社会场域内参与解释权力的争夺与控制。在本书中，场域的分析并不局限于编辑部场域的新闻生产活动，还包括了司法场域中的信息流动、新闻发布和对外宣传活动。再者，笔者认为这两个场域有着截然不同的组织性质、体制机制和价值追求，因此将在书中对二者加以区分。

二、研究方法

研究目的的达成，有赖于研究方法的正确选择，而研究方法的选择，则取决于研究者的主观能力，以及研究的客观条件。本书将根据实际需要，结合质化研究与量化研究的优势，综合运用实地观察、深度访谈、内容分析、话语分析等具体研究方法，以期完成预先的研究设想，获得翔实的科学依据。

（一）实地观察和深度访谈

实地观察法是指观察者有目的、有计划地通过自身实地感知或借助科学的观察工具，能动地了解处于自然状态下的社会现象的方法。在本书中，笔者以一个旁观者和局外人的身份，对多地政法系统进行实地观察，在观察的过程中，尽量地保持中立的立场，以期得到更多全面、深入、客观的感性认识。

深度访谈常用于定性研究，也就是回答“为什么”“怎么做”的问题。深度访谈是非常重要的调查研究方法。一方面，它可以使研究在一般调查的基础上，走向更加深入；另一方面，深度访谈也是对大范围量化研究的一种修正。在与访谈对象进行一对一的深度交流的过程中，不光是受访者的语言信息，语气、肢体、动作都能成为有用的信息，使访问者可以借此判断受访者的态度倾向。

通过实地观察和深度访谈，可以掌握到的信息有：地方政法机关内部信息传递的渠道、相关的体制机制、规章制度、新闻发布动机、舆情监测水平、舆情管理能力，以及作为政法干警对媒介监督的态度、自身身份的认同，以及舆论高压态势下的身份焦虑等问题，这些问题都有可能影响到最终政法系统对其形象信息的传播行为。总之，通过长年对多地政法系统的实地观察和深度访谈的综合运用，使笔者掌握第一手资料，这将使我们更好地发现和理解政法系统的传播观念、动机和行为，从而使对现象的解释更具说服力。

最后需要说明的是，在具体的行文过程中，笔者并没有刻意突出观察和访谈所得到的信息，而是通过理性的升华和理论的加持，自然融入笔者观点的表述中。

（二）内容分析和话语分析

本书采用内容分析和话语分析两种方法相结合的形式开展对相关新闻文本的研究，也就是一种量化和质化结合的研究方法。

首先，内容分析法是最为重要的社会科学研究方法之一，作为一种定量的研究方法，被广泛应用于新闻传播学研究当中。关于内容分析法的定义，被引述最多的莫过于贝雷尔森在其权威著作《传播研究中的内容分析》一书中提出的：内容分析是一种对显明的传播内容进行客观、系统和定量描述的研究方法。简单地说，文本分析法就是一种将文字（或影音）转化为数字的方法，通过计算某些元素出现的频率进而来说明问题。相比于文字，数据更加客观，它可以告诉我们新闻文本所关注的领域、所圈定的范围、所选择的立场。但是，正如贝雷尔森的定义所说，内容分析只能反映出“明显”的传播内容，事实上，它对隐藏于文本意义之下的实际意义并不敏感，这也注定了内容分析在解决了新闻报道“说什么”的问题的同时，也只能局限于这种宏观性的把握。

而通过话语分析，则可以回答媒体报道“怎么说”的问题。话语分析在形象再现的研究中非常适用，因为对于媒介再现的形象，往往是蕴含在话语信息之下的，需要接收者通过自己的生活经验和知识结构去解码，形象通过一种“隐喻”的形式呈现出来。而话语分析理论认为，话语蕴含着意识形态诉求，是传播者的立场表达，话语分析就是力求通过对文本、语言的倾向性和隐蔽性的辨明，来发掘其背后所蕴含的意识形态诉求。因此，从某种意义上讲，话语分析理论中的“隐喻”概念就是相关形象在媒介再现过程中再现者的诉求和定位。

学者吉（Gee）曾总结出五种话语分析的方法：结构分析法、认知分析法、社会文本分析法、批评分析法和综合分析法。在对新闻文本进行话语分析时，大部分学者都采用了结构分析法。这是因为，新闻文本有着明显的结构特性，而结构代表着等级，通过结构和等级所安排的叙事就使得话语具备了立场倾向。对此，梵·迪克（Van Dijk）曾绘制了著名的新闻图式加以说明。

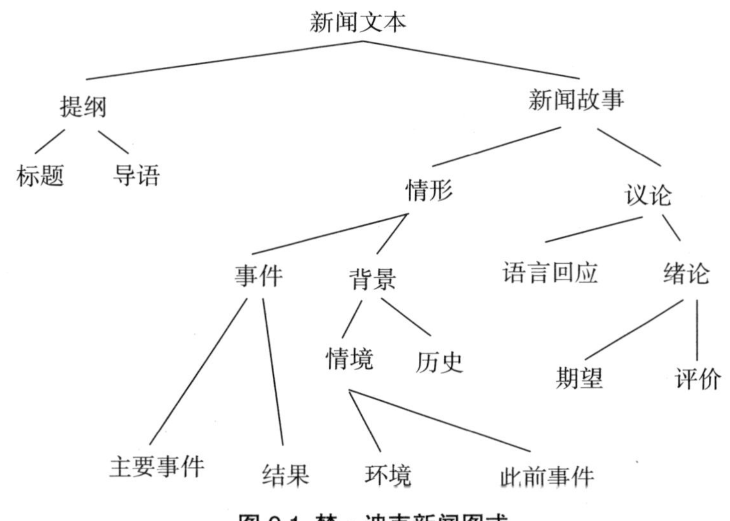

图 0.1 梵·迪克新闻图式

梵·迪克认为，新闻作者在按照结构等级对文本进行填充的过程中，存在着对事件进行排序的问题，但这一排序的原则并不是遵循时间上的先后顺序，即自然顺序，而是根据所谓“相关性原则”，或者我们可以把这一原则理解为事件信息在作者心目中的重要程度。也就是说，新闻记者往往会把最为重要的信息置于文本的最前面，随后继续以信息重要性的强弱依次排序，最不重要的信息出现在文章的最后，也就是置于文章结构的最底层。在这一相关性的指导下，不仅新闻记者的工作规范得以体现，而且很有可能体现出新闻记者的意识形态偏见，因为事件重要性的排序，给主观倾向的发挥留下了广阔的空间。

综上所述，内容分析和话语分析具备了互为补充的条件，便于研究者从宏观和微观两个层面把握问题，从而使研究更客观、更全面。借由麦奎尔的对比，我们可以对这种互补性有更清晰的认识。

表 0.1 麦奎尔对不同媒介内容分析法的比较

不同媒介内容分析法的比较	
信息内容分析	文本结构分析
量化	质化
片段	全景
系统性的	选择性的
概括的、延伸的	举例性的、特殊的
明显的意义	隐含的意义
客观的	与读者相关的

最后，基于学术研究的严谨性要求，本书将详细呈现研究过程中的各个环节，包括样本的选择、抽样的依据、编码的过程、信度的测算等，确保研究的透明性和可靠性；向读者提供全面、翔实且严谨的研究过程描述，以供参考和检验。

第一章　司法改革及司法形象诉求

第一节　司法和司法改革

一、司法

（一）狭义概念和广义概念

在我国,“司法”一词由来已久。在古代,“司法”常常被用作官名,如唐代的“司法参军”或简称“司法”,而古代对司法的理解也仅限于“掌管法律或主管法律”。这些理解，与现代社会中的“司法”概念早已不可同日而语。

当然,即使在现代社会,人们对“司法”一词的理解仍不一而足。出于对权力、功能、含义不同的理解，“司法”的概念也存在着狭义和广义之分。

狭义概念的“司法”，仅指审判机关所进行的审判、裁判行为。与之对应的司法机关，仅指法院；与之对应的司法权力，仅指审判权。此概念与西方“三权分立”体系中的司法一致，即独立于立法权、行政权的第三大权力支柱。

相对广义一些的“司法”概念，则除法院的审判活动外，还包括了检察机关的检察活动。在这个理解层面上，司法权是指裁判权和检察权，对应的司法机关则包括了审判机关和检察机关，即我们通常所说的法院和检察院。这个相对广义层面上的司法概念，是我国基于自身对司法功能的设置和特有的司法实践的基础上的理解，这一点有别于西方国家。在西方国家，检察权通常被划归为行政权的范畴。

而广义上的“司法”，则是囊括了整个法律实践活动的一系列理念和行为的大而化之的概念。其对应的司法权力包括了侦查权、检察权、审判权和执行权，对应的司法机关包括了公安机关、检察机关、审判机关（法院）和司法行政部门，在我国，学界把这种广义的理解称为“大司法概念”。有时，“大司法”还包括了国家安全机关及其使用的特殊侦查权。

处于“大司法”层面上的“司法”，是“代表国家对危害统治秩序的行为进行追究，以强制力将国家意志付诸实施的活动”，这一活动由诸多国家机关分头进行。有的机关负责侦查，有的机关负责检察，有的机关负责审判，有的机关负责执行，但是无论分工如何，它们都有一个共同的本质特征，即代表国家对危害统治阶级的行为做出否定评价，以强制力维护无产阶级的政治统治，而这正是司法活动的根本范畴。

在我国政治语言和法律语言的表述中，并没有排斥对以上任何一个层面的司法概念的使用，狭义、相对广义、“大司法”三种层面的司法概念都会被使用，并根据不同的场合和需要自由切换，没有任何违和感。

比如，最高人民法院从 1999 年到 2019 年发出的共 5 个《人民法院改革五年纲要》中，所涉及的司法概念就只包括了法院及其司法裁判权，属于最狭义的司法概念。

又比如，《中华人民共和国宪法》(2004 年修正）在关于“国家机构”这章第七节中，把“人民法院”同“人民检察院”并列，这一表述说明了宪法层面上将审判权和检察权归结为同一种司法权力。而江泽民同志在党的十五大报告上，曾明确指出“推进司法改革，从制度上保证司法机关依法独立公正地行使审判权和检察权”。显然，这些表述都使用了审判活动和检察活动所组成的相对广义的司法概念。

再比如，《中华人民共和国刑法》第 94 条明确规定，“本法所称司法工作人员，是指有侦查、检察、审判、监管职责的工作人员”。而党的十八届四中全会通过的《中共中央关于全面推进依法治国若干重大问题的决定》中，关于优化“司法职权配置”的部署，有“健全公安机关、检察机关、审判机关、司法行政机关各司其职，侦查权、检察权、审判权、执行权相互配合、相互制约的体制机制”。以上表述，则使用了“大司法”的概念。

（二）西方概念和我国概念

对于“司法”一词，中西方有着不同的解读。在西方国家，司法指的是国家司法机关依照法定的职权和程序，具体运用法律条文进行处罚犯罪或裁决私人争诉的活动。西方的司法概念是建立在“三权分立”的学说和实践的基础之上的，它同立法权力、行政权力有着本质的区别和严格的界限，三者之间是相互监督、相互制约的关系，司法权是完全独立的社会公权力。从这一点上说，西方概念的司法也是最狭义概念的司法。

而在我国，由于社会制度的不同，对司法概念的西方化理解并没有得以接受和承认。中国的司法理念来源于马克思、恩格斯的社会主义国家学说，体制则学习苏联的司法体制而设定，并且充分结合了中国自身的实际情况，充分考虑到了国情、民情、社情，充分吸取了历史、传统、文化的营养，经过几十年的摸索和积累，形成了我们今天所看到的具有鲜明中国特色的社会主义司法体系。

相对于西方的概念，我国的司法体系有着更为丰富的内涵，也承载了更为多元的功能，具有不同于西方的鲜明特点：

首先，正如前文所述，我国的司法机关包括了公安、检察、审判、司法行政等，司法权则包括了侦查权、检察权、审判权、执行权。其次，我国的司法体系有着更加浓厚的政治色彩。在我国，司法从来不单单是一个法律概念，更是一个政治概念。如果在公、检、法、司所组成的政法系统的基础上加入代表党委协调和指导法律工作的政法委员会，司法概念就变成了政法概念。“政法传统”师从于苏联的政法体系，又根据肇始于延安时期的革命经验和中华人民共和国成立以后的建设经验作出了中国化的调整和设计，随社会转型和经济发展经历了多次改革和转型，但司法由政治主导，司法服务政治的指导原则始终未曾动摇。政策、法律的制定与实施必须服从、服务于党和国家社会治理的根本目的，强调国家权力的相互配合和执政党的政治领导权在各种国家权力之间的主导、协调作用。最后，也正是基于前者，我国司法机关具备居中裁判的职能外，还承担了维护社会稳定、打击犯罪、预防犯罪、执行裁决、监狱管理、法律援助、社会矫治等更加多元的职能。

本书的研究背景被设置于司法改革的大背景之下。在中国，司法改革从不是单一的法院改革，而是涉及侦查、检察、审判等各种权力的职能调整，需要公、检、法、司各部门的全面参与和深度配合。因此，本书中的“司法”采用“大司法概念”，“司法”的内涵也采用中国化的理解，以期可以从全面、宏观的视角审视中国法治建设的整体进步。

（三）政法系统和政法机关

政法系统是指由各级人民法院、人民检察院以及作为行政机关的各级公安、司法行政部门所组成的一个综合性的、从事社会治理和司法实践的政权组成体系。由于这些部门有着共同的价值目标和高度的业务联系，一般将这些部门统称为政法系统。

政法系统内，人民法院、人民检察院、公安机关和司法行政机关分工明确、各司其职、相互制约又相互配合，法律对其职能和权责有着清晰而严格的划分。①

1. 人民法院

人民法院是国家审判机关。中华人民共和国设立最高人民法院、地方各级人民法院和军事法院等专门人民法院。各省、自治区、直辖市设有高级人民法院，以下为中级人民法院和基层人民法院。人民法院依照法律规定独立行使审判权，不受行政机关、社会团体和个人的干涉。最高人民法院是最高审判机关。最高人民法院监督地方各级人民法院和专门人民法院的审判工作，上级人民法院监督下级人民法院的审判工作。最高人民法院对全国人民代表大会及其常务委员会负责。地方各级人民法院对产生它的国家权力机关负责。各级各类人民法院的审判工作统一接受最高人民法院的监督。地方各级人民法院根据行政区划设置，专门法院根据需要设置。

2. 人民检察院

人民检察院是国家的法律监督机关，行使国家的检察权。人民检察院由同级人民代表大会产生，向人民代表大会负责并报告工作。中华人民共和国设立最高人民检察院、地方各级人民检察院和军事检察院等专门人民检察院。这种自上而下的排列反映了检察机关上下级是领导和被领导的关系及其集中统一的特点，这与人民法院上下级之间监督与被监督的关系有显著不同。为了维护国家法治的统一，检察机关必须一体化，必须具有很强的集中统一性。最高人民检察院是最高检察机关，领导地方各级人民检察院和专门人民检察院的工作，上级人民检察院领导下级人民检察院的工作。最高人民检察院对全国

---

① 为保证表述的权威性和准确性，相关内容转载自新华网新华资料，http://news.xinhuanet.com/ziliao/2005/10/28/content_3694352.html。

人民代表大会和全国人民代表大会常务委员会负责。地方各级人民检察院对产生它的国家权力机关和上级人民检察院负责。各级人民检察院都是与各级人民法院相对应而设置的，以便依照刑事诉讼法规定的程序办案。人民检察院依照法律规定独立行使检察权，不受行政机关、社会团体和个人的干涉。

3. 公安机关

公安机关是人民政府的重要组成部分，是国家的行政机关，同时它又担负着刑事案件的侦查任务，因而它又是国家的司法机关之一。公安机关是政府的一个职能部门，依法管理社会治安，行使国家的行政权，同时公安机关又依法侦查刑事案件，行使国家的司法权。公安机关的性质具有双重性，既有行政性又有司法性。

公安机关的职责是：预防、制止和侦查违法犯罪活动；防范、打击恐怖活动；维护社会治安秩序，制止危害社会治安秩序的行为；管理交通、消防、危险物品；管理户口、居民身份证、国籍、入境事务和外国人在中国境内居留、旅行的有关事务；维护国（边）境地区的治安秩序；警卫国家规定的特定人员、守卫重要场所和设施；管理集会、游行和示威活动；监督管理公共信息网络的安全监察工作；指导和监督国家机关、社会团体、企业事业组织和重点建设工程的治安保卫工作，指导治安保卫委员会等群众性治安保卫组织的治安防范工作。

4. 司法行政机关

司法行政机关是我国国家政权的重要组成部分，在我国司法体系和法治建设中占有重要地位。中华人民共和国成立后，根据《中华人民共和国中央人民政府组织法》，于 1949 年 10 月 30 日设立中央人民政府司法部。1954 年《中华人民共和国宪法》颁布后，改称中华人民共和国司法部。

司法行政机关的职能和任务主要有：监督和指导全国监狱执行刑罚、改造罪犯的工作，监督和指导全国劳动教养工作；制定全国法治宣传教育和普及法律常识规划并组织实施，指导和检查各地区、各行业的依法治理工作，指导对外法治宣传工作，管理法制报刊；监督和指导全国的律师工作和法律顾问工作，管理社会法律服务机构和在华设立的外国（境外）律师机构；监督和指导全国公证机构和公证业务活动，负责委托港澳地区律师办理在内地使用的公证事务；指导全国的人民调解和司法助理员工作；管理部直属的高等政法院校，指导全国的中等、高等法学教育工作和法学理论研究工作；组织参加联合国有关预防犯罪领域的会议和活动，承办联合国有关对口部门的往来业务，组织参加国际有关人权问题的法律研讨和交流活动、开展政府间的法律交流与合作；参加与外国签订司法协助协定的谈判，负责国际司法协助协定执行的有关事宜；参与国家立法工作，组织司法领域人权问题研究；监督大型监狱、劳动教养场所国有资产的保值增值，管理直属单位的国有资产；指导全国司法行政系统的队伍建设和思想政治工作，协助省、自治区、直辖市管理司法厅（局）领导干部。

二、司法改革

（一）司法改革的概念和内涵

司法改革是指，以维护司法公正为目标，以优化司法职权配置、加强人权保障、提高司法能力、践行司法为民为重点，进一步完善中国特色社会主义司法制度，扩大司法民主，推行司法公开，保证司法公正，为中国经济发展和社会和谐稳定提供有力的司法保障。①

以上是司法改革的官方概念。而对于学界，虽然可以说“司法改革”在当今法学界堪称显学，学者对司法改革的研究早已汗牛充栋，在新闻话语中同样耳熟能详，媒体对司法改革的讨论亦是经久不衰，但真正给“司法改革”作出确切定义的研究还并不多见。一般来说，学界对司法改革的理解大都同官方概念一样，局限于制度层面上的改革，认为司法改革是一种司法制度的调整，是司法职能的转变，是执政党基于改善司法功能的目的，而对于司法相关的人、物、规范、制度所采取的各种举措。

但事实上，由中国共产党所主导的历次司法改革，都不单单是对司法机关、司法制度、司法职能所作的调整和转变，而是对各个发展时期我党执政地位、执政目标、执政理念所发生的深刻变化的客观反映。因此，我们理解司法改革，更应该从理念层面的变革出发。基于此，笔者更赞成制度和观念并重的理解方式，认为司法改革既包括制度的变革，也包括观念的更新，是有关司法观念、司法体制和司法机制的变化与更新的总称，是通过司法机构的部分性调整或整体性

① 《中国的司法改革》，国务院新闻办，2012 年 10 月发布。

改造和重新组合来应对社会危机，进而按照一定目的来形成新秩序这样一种有目的的社会变动过程。

在这里需要指出的是，对司法改革的理解绝不可脱离中国共产党的领导而孤立地、片面地理解，司法改革的目的是让司法发挥更大的效能，进而成为打击犯罪、维持社会秩序、维护人民利益的有效武器，同时也是为了巩固执政党的领导地位，司法作为社会治理体系中的工具意义从来没有被放弃。司法的职能和目的从来都不是一成不变的，司法改革就是为了使司法体制更好地适应这种改变，我们必须把改革司法的实践放置于整个社会转型和国家治理体制内加以观察，其背后依然蕴含了重要的政治目的和政治意义。明白这一点，对我们加深对司法改革的理解有着至关重要的意义。

（二）当前司法改革概况

在中华人民共和国法治史上，法治进步和司法建设可谓一波三折、跌宕起伏，经历过发展和进步，也经历过挫折和倒退。在下一章中，我们将对新中国历次司法改革和司法转型的基本概况，以及媒体在其间所发挥的重要作用进行一番审视。在本节中，我们先对当前正在经历的这次司法改革进行简单介绍。

改革开放以来，党把工作重心转移到经济建设上来，经济建设和社会发展取得了突飞猛进的成就。特别是在20世纪90年代，随着社会主义市场经济的建立，中国的经济体制、社会结构都发生了较大的转变，过去以阶级斗争为基础建立起来的司法体制已经不能适应经济社会的快速发展。1997年，党的十五大正式提出了“依法治国，建设社会主义法治国家”的总体目标；1999年，九届全国人大二次会议通过决议，把依法治国作为国家治理的基本方略正式写入了《中华人民共和国宪法》。以这两个事件为标志，我国的司法改革正式全面、深入地铺开。

一般认为，在提出“依法治国”以前，司法改革就已经开始，主要涉及审判方式改革和司法职业化改革等内容，这些改革为全面深化的司法改革提供了前提和基础，是第一轮司法改革。在1999年，最高人民法院开始编制《人民法院五年改革纲要》、最高人民检察院开始编制《检察工作五年发展规划》，司法改革也由此进入“深水区”。

第二轮司法改革从2004年开始，主要目的是提高司法效率和公正性，强化司法的独立性和权威性，为后续的司法改革奠定了基础。

第三轮司法改革以2013年11月党的十八届三中全会通过的《中共中央关于全面深化改革若干重大问题的决定》(以下简称《决定》)为开端,《决定》提出，“深化司法体制改革，加快建设公正高效权威的社会主义司法制度，维护人民权益，让人民群众在每一个司法案件中都感受到公平正义”。

2014年10月，党的十八届四中全会对司法改革进行了详细部署,《中共中央关于全面推进依法治国若干重大问题的决定》中“保证公正司法，提高司法公信力”部分，提出了本轮司法改革的一揽子具体方案。同年,《人民法院第四个五年改革纲要（2014—2018）》正式颁布；2015年2月，最高人民检察院正式印发实施《关于深化检察改革的意见（2013—2017年工作规划）》; 2015年2月，《关于全面深化公安改革若干重大问题的框架意见》及相关改革方案经中央审议通过。由此可见，本轮司法改革的广度和深度是前所未有的，并且方兴未艾。

第二节　司法形象及其媒介再现

一、司法形象

（一）司法形象的概念

司法形象不能简单等同于司法机关形象或政法系统形象，它应该是一个包括司法机关、政法干警在内的实体的、具体的形象，以及包括司法制度、法治政策和法律实践及其所表现出的法治理念、法治环境、法治逻辑等在内的虚体的、抽象的形象。实体形象和虚体形象、具体形象和抽象形象一起共同构成了在一段时期内，社会公众对中国司法的总体的、主流的印象和评价，即为司法形象。

我们展开关于形象问题的讨论，不能简单套用一些既有概念，而是必须在形象本体所蕴含的含义的基础上进行研究，毕竟，形象是本体意义的生发。1959年，在印度召开的“国际法学家会议”上通过了《德里宣言》，司法被认为应该包含两个方面的含义，即形式意义上的司法和实质意义上的司法。形式意义上的司法，强调“依法治国”“依法办事”的制度和机制；实质意义上的司法，则强调“法律至上”“法律主治”“权力制约”“权力保障”的价值和精神。由此，提醒我们对司法形象进行考察时，不能仅仅关注于司法机关、政法干警、司法制度的外在表现这一“硬”形象，还更应该重视造成这些外在表现的一系列司法理念所展示的司法“软”形象。

需要指出的是，司法理念并不是一成不变的，会根据时代的发展进行必要的调整。比如在中华人民共和国成立初期，“阶级斗争”和“打击阶级敌人”就是当时非常重要的司法理念，而到了改革开放新时期，为经济发展“保驾护航”则成为我国司法的新任务、新使命。司法理念的转变导致了司法实践的转变，进而影响着司法形象的最终展示。

（二）司法形象的要素

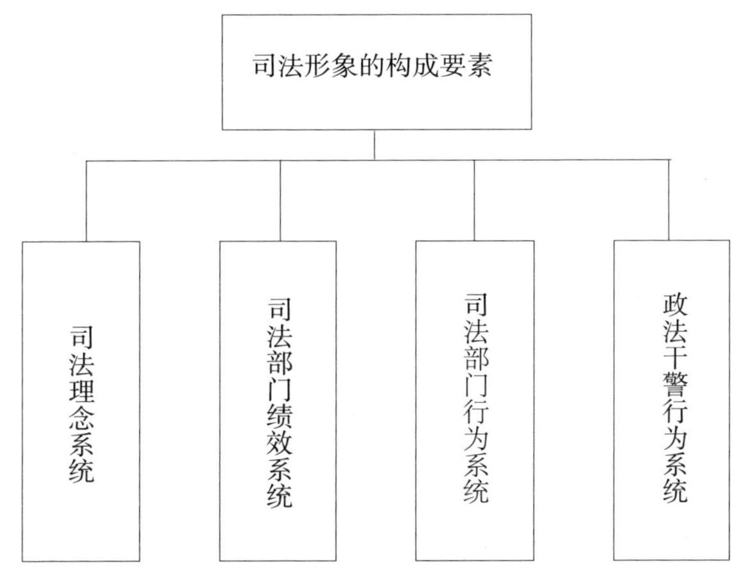

图 1.1 司法形象要素

1. 司法理念系统

司法理念是一个抽象的概念，它是一国司法体系的核心价值的具体反映，更是一国政府和执政党执政理念的根本体现，是指导司法实践的信念、原则、方针、政策、纲领以及司法行为、司法表现背后所遵循的法理逻辑。可以说，司法理念体系，实际上就是司法形象的本质，它决定了司法部门的司法实践和司法行为的好坏，更决定了司法形象的好坏。

具体地说，司法的理念体系，应该包括一个核心理念以及由核心理念所延伸出的其他理念。在我国，政法部门的工作职责是“切实维护党的执政地位，切实维护国家安全，切实维护人民权益，确保社会大局稳定”。这一表述可以作为司法理念的核心加以理解。其实，根据马克思的观点，一个国家司法体系最终反映的是统治阶级的意志，司法理念最根本的问题，是要看其代表谁的利益，要为谁而服务的问题。我国是社会主义国家，“为人民服务”是党和政府的根本宗旨，我国的司法理念体现了统治阶级最高理想和人民群众热切期盼的统一，因此，受到党和政府领导的司法体系也必须代表人民、服务人民、反映并维护人民的利益。

在此基础上，才会延伸出更多具体层面的司法理念，理念指导实践，而实践最终表现为司法的实体形象。司法的理念系统不仅是最终形象生成的根本原因和主导思想，它还可以作为理念形象本身，成为重要的司法形象构成要素。

2. 司法部门绩效系统

司法绩效是指司法部门在司法实践活动中的结果、效益、效能，是司法部门在行使其功能、实现其意志过程中体现出的司法能力。相比于司法理念系统，司法绩效对司法形象的塑造最为密切，原因主要有两点：

（1）司法绩效可以数字化，具有可比较性

一般来讲，司法绩效的好坏可以通过数字来衡量。就像考察一个地区经济发展情况时，会有 GDP（国内生产总值）、经济增长率、就业率、CPI（居民消费价格指数）、基尼系数等一系列的指标作为衡量依据一样，司法部门的绩效成绩同样有一系列的评判标准，包括案件破案率、重大刑事案件的发案率、法院的结案率等。人们可以根据这些数据进行对比，这种对比可以是横向的对比，如地区与地区之间、国家与国家之间的对比；也可以是纵向的对比，如跟过去一月、一年甚至更久远的时期的对比。通过对比，人们就可以判断司法绩效的高低，进而确立自己对司法部门能力水平的认知和评价。

（2）司法绩效具有直观性，可从日常生活中直接感知

并不是说只有数据化的司法绩效可以对比，群众的亲身感受也可以拿来对比，而且这种亲身感受更为直接。比如说司法机关的办事效率问题，又比如说一段时间以内的治安状况，群众都可以根据自己的切身感受去体会，从而获得更加感性的、直接的认识。

3. 司法部门行为系统

司法部门的行为系统是司法理念系统在司法行为过程中的具体实践，包括

依法行政、依法侦查、依法诉讼、依法审判、依法保障各方权利等环节，相比司法理念被人们所理解需要一个认知的过程，政法部门的行为能够更加容易被群众所认知、感受，并作出评价，因此也更能直接地塑造司法形象。

要让人民群众对司法行为作出正面的评价，进而塑造积极的司法形象，司法行为系统就必须置于符合司法理念和符合法律规定的框架下。司法理念是统治阶级最高政治理想和人民群众对政府的期望的高度统一，这种统一的实现形式就是规范的司法行为。衡量司法行为能不能得民心、顺民意，从根本上，还是要看这一行为是不是依法进行的、是不是为人民服务的、是不是符合人民群众的根本利益的。

司法部门的行为体系还必须符合法律的规定。我们知道，对市场主体而言应该是"法无禁止即可为"，对政府而言则是"法无授权不可为"。这一观点既反映了新时期我们党和国家对科学执政、依法执政的认识上升到了新的高度，也反映了政府执政理念的转变。而作为司法的主体，政法部门更应该以身作则，坚决杜绝知法犯法、执法乱法的行为出现。不受法律约束的政法部门，其权力必然会无限膨胀，从而成为滋生官员权力寻租的温床；而不受法律约束的司法行为必然损害人民群众的利益，司法形象受到致命的打击，最终损害党和政府的执政根基。

4. 政法干警行为系统

政法干警主要包括政法部门的干部官员和普通警务、法务、检务人员。不管是司法理念还是司法行为，最终的执行还是要落实在具体的"人"身上。这个"人"，就是我们常说的政法干警，他们的行为举止、一举一动都在一定程度上代表着司法形象。尤其是在互联网时代，政法干警容易成为舆论焦点，其个人行为往往会被放大到组织层面和系统层面，由于媒体和网络对于个人的标签化解读，职业身份容易成为个人的唯一身份标签，个人的形象就不再代表他自己，而只能代表他所从属的组织和行业，即政法系统。

前面我们讨论的是在公权力运行层面上的司法形象体系构成要件，而政法干警的形象则更加复杂，因为他们的行为举止不单在执行公务中，在日常生活中也同样对司法形象产生影响。近些年来，发生了不少因个人道德败坏、行为失范而引发司法形象困局的案例，这些行为包括贪污、腐败、个人作风问题、男女关系问题、炫富、特权思想、不尊重公德、公车私用等，这些行为有公有私，但是效果都是在给司法形象做减法。

但另一方面，我们也看到许多模范人物给司法形象带来的正面作用。受人民群众爱戴的公安英模任长霞，坚持正义、平反冤案的人民检察官张飚，用生命点燃法治梦的好法官邹碧华，以及一位位我们叫不上名字的为斗歹徒、为护儿童、为保百姓而牺牲、而默默奉献的普通政法干警，他们的形象经过媒体的报道都为司法形象加分不少。

由此可见，政法干警对司法形象有着非常直接的影响，对司法形象塑造至关重要，是司法形象体系中的主要构成要件。因此，对政法干警媒介形象的审视就显得非常必要。

司法的理念系统、司法的绩效系统、政法部门的行为系统和政法干警的行为系统，是司法形象系统的重要因素，共同构建了最终的司法形象，我们的研究也将通过这四个维度进行展开。

（三）司法形象的生成

还原、分析司法形象的生成过程，是一个非常重要的问题，只有确立了形象形成的基本模型，才能够了解本研究的主题——司法形象的媒介再现在整个形象生成系统中的重要地位，才能更好地解释其承上启下的不可替代的重要作用，从而更有目的、更有步骤地开展研究工作。

司法形象的传播研究，在学术界仍然处于相对空白的阶段，但是我们依然可以从政府形象的研究中获得借鉴和灵感。一般认为，确立传播模型的根本前提是，要掌握信息传播的基本路径和在这一路径上各要素之间的相互关系。遵循人们获得认知的两种方式，即亲身体验获得的直接认知和通过综合性媒体的信息传递而获得的间接认知，可以得出结论：对于政府形象传播而言，基本的传播路径有两条，一条是“政府自我构建的形象—公众认知的形象”，另一条是“政府自我构建的形象—媒体构建的形象—公众认知的形象”，其中，第二条路径是典型的大众传播路径，在政府形象构建中扮演着最为重要的角色。

在第二条传播路径中，有三个不同的政府形象，分别是政府自我构建的形象、媒介构建的形象、公众认知的形象，这三个形象也可以理解为同一形象的三个不同阶段和表现形式。

笔者认为，和政府形象一样，司法形象也存在着三个形象阶段或形式，即司法系统自我构建的形象、媒介再现的形象、公众认知的形象。

1. 司法系统自我构建的形象

在政府形象的研究中，政府自我构建的形象究竟只是实体形象，还是应该包括政府对自身行为的解释一直存在争议。笔者认为，既然是自我构建，就应该考虑到所有主观因素，因此，司法系统自我构建的形象，应该既包括该系统的“实体”表现，也应包括该系统的自我表达，是“做”和“说”的统一,一同构成了司法形象系统的本源。具体来说，政法部门的理念、行为、绩效以及政法干警的表现，是一个“实实在在”的形象，司法系统在此基础上对其进行宣传和解释，又构建了一个“自说自话”的形象，不管是前者还是后者，都是司法系统在自己的控制范围内对自我形象的诉求和表达，这一诉求和表达进入社会系统后，影响着媒介的再现和公众的感知。

2. 媒介再现的形象

司法形象的媒介再现是本书的研究主题，在后面的章节中还要做系统的介绍。笔者认为对于司法形象再现的媒介分析，应该有着根本的属性划分，大而化之的分法应该分为政法媒介和综合性媒介两大系统。

首先是政法媒介，包括政法部门主办的机关报、机关刊物等，也包括政法机关直接运营的微博、微信公众号等自媒体。此类媒介，完全忠实于政法机关的意志，受到其他权力的影响和干预的程度较小，因此，通过此类媒介进行的司法形象塑造属于司法系统的自我表达。随着近些年政法宣传工作的加强以及新闻发布制度的成熟和自媒体建设的完善，司法系统已经掌握了相当丰富的传播渠道和资源，从而更加主动、自如地对司法形象进行自我构建。

其次是大众媒介和新闻机构通过新闻生产对司法形象的构建，这类媒介包括以党和政府机关报为代表的党媒和蓬勃发展、日益壮大的社会化、市场化媒体。西方理论界认为，在社会主义宣传制度下，国家对新闻媒体有着广泛的影响力和强大的控制力，媒体中的政府形象包括司法形象应该都是正面的。但即使是在改革开放以前的司法宣传情况也并非如此，而随着改革开放和新闻体制改革的不断深化，党媒独大的局面得到了根本的改变，越来越多的社会化媒体被赋予了更多的监督话语权，特别是在经济利益的驱使下，社会化媒体的新闻报道暗含了对政府包括司法的批评取向。也就是说，大众媒介不再是简单配合司法部门去塑造正面的司法形象，而是出于自身立场和观点对其进行了主观重构，因此，本书使用了“媒介再现”而非“媒介呈现”的表述，就是为了突出媒体在司法报道中的主观能动作用。

需要指出的是，以上只是从媒介属性上进行的简单划分，而就形象载体来说，也并非新闻报道一种形式，还应包括文学、影视等作品形式。相对于新闻报道，文学、影视作品中的司法形象同样能够对公众产生深远影响。如果说党媒和自媒体的表达宣传气息过重，社会化媒体的揭露又过于深刻的话，影视作品对人的影响则更加潜移默化。更何况，在这样一个消费文化和娱乐主义盛行的年代，人们可以不需要新闻资讯，但却逃离不开文化娱乐产品所带来的感官刺激。娱乐外衣包装下的司法形象塑造，其社会控制的手段更加隐蔽，效果却可能更加明显，这本可以是对司法形象的一个重要的观察维度，遗憾的是，由于选题、精力、时间等各种客观因素的制约，司法的文学、影视形象并不在此次研究之列，希望以后有机会可以弥补。

3. 公众认知的形象

公众对司法形象的认知是一个非常主观的行为，其要么来自亲身体会，即对司法系统“实体”形象的主观反映；要么来源于间接的认知，即对媒体再现的司法形象的主观反映。在如今价值多元、利益多元的社会环境下，处于不同社会地位、利益诉求、年龄阶段、教育背景、认知水平的个人，对司法形象的判断也往往出现不同的结果。在大众传播的语境下，媒介形象是公众认知司法形象的主要来源，但并不是唯一来源，它还包括对司法形象的直接认知以及来自许多方面的噪声干扰，这就使司法形象传播的效果研究显得异常困难。普通的调查方法很难得出直接的因果关系，即使通过控制实验的方法，由于无法排除过多的变量干扰，结果显得并不那么令人信服。本书不涉及传播效果研究，故不多做展开。公众出于自身利益的保护与追求，他们还力图以自己心目中的理想化的政府形象去影响媒介与政府本身。对于司法形象，这一观点同样适用，近些年来自由主义者和民粹主义者在互联网上的鼓噪，应该就是这一现象的典型表现。

在明确了司法形象的三个不同形式后，我们根据传播学原理，从各类媒介出发，并把各因素相互的影响和形象信息的反馈和回流考虑进来，似乎可以建构出一种较为完整的司法形象形成模型。

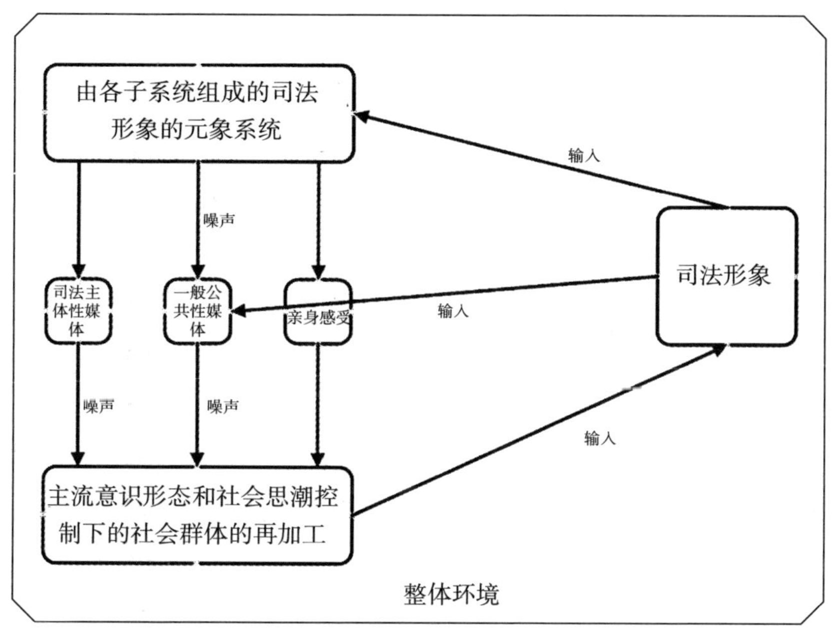

图 1.2 司法形象的生成模型

根据形象学理论，人们对某一组织产生感受和认识的渠道有两个，一是切身感受，二是媒介的信息传递，我们要重点考察的当然是后者。笔者认为，司法系统的司法绩效、司法机关的组织行为和成员形象，以及司法系统自己所主控的形象宣传，共同构成了我国司法形象的元象。这一元象是众多因素共同作用的结果，是客观存在的，不以任何单位或个人的意志为转移。

其中有一个考察的重点，就是信息在司法系统内部是如何被选择、加工、传递的。毫无疑问，形象信息首先是从司法系统内部产生并开始传递的，由于各种力量的控制和博弈，信息在组织内部已经发生了多次变形。我们需要关注的是，这其中的动力是什么、阻力在哪里、各种场域控制下的信息最后呈现出了一种怎样的特征。

元象信息通过媒介传递给公众。前文已经说过，这个媒介可能是一般大众媒介，也可能是政法系统的自我表达媒介，这些媒介之间是相互影响的关系。

相对而言，自媒体显然最能够按照司法系统的形象诉求进行表达（但这并不意味着原原本本的呈现，对于负面信息，司法自媒体当然也会采取忽略、缩小、转移的策略），而其他传媒则不然，基于不同的立场和出发点，受到了各种社会权力的影响，一般的大众媒体对司法形象的“再现”势必要大于“呈现”“重构”。如果说形象信息在司法系统内部已经过了 N 次变形的话，从大众媒体的输出则至少是第 N+1 次变形。

媒介传递的信息加上人们的切身感知，两者共同作用形成了大众头脑中的印象，但这个印象还处于个人的认知阶段，我们所说的形象，是在一段时期内大众的主流观点和总体判断。因此，每个受众的认知和感受还存在着一个输出问题，在社会主导意识形态和主流思潮的作用下形成最终的形象，而这个形象又会反过来影响到司法系统和大众媒介系统。

这样一来，形象信息从发生到传递再到回归，就形成了一个闭合的循环，一个信息传播的基本流程也就完整了。在图 1.2 所构建的模型中，我们发现，媒介再现的司法形象作为沟通司法与公众的桥梁，承载了绝大部分的关键信息，对司法形象的最终形成起到了关键作用。那么什么是媒介形象，媒介形象对塑造司法形象到底起到了多大的作用，则是我们接下来需要弄清楚的问题。

二、司法形象的媒介再现

（一）何为司法形象媒介再现

要理解“司法形象的媒介再现”的含义,我们可以先抛开“司法”这一前缀，先理解什么是“形象的媒介再现”。其实，“形象的媒介再现”这一概念，同“媒介形象”概念具有部分重合，都是指信息在媒介上的再呈现，某些场合下，两者是完全通用的。所谓“司法形象的媒介再现”也好，“司法的媒介形象”也罢，都是指司法本体形象在媒介内容中的投映。本书之所以选择第一种表述方式，主要因为两点：避免歧义和强调媒介的主体性。

汉语语言文字的博大精深告诉我们，“媒介形象”的表述会产生歧义，它有可能指形象主体在媒介上的呈现，还有可能是指作为大众传播工具的媒体的自身形象。很多学者，如宣宝剑、栾轶玫等都发现了这个问题。宣宝剑认为，媒介形象作为一个词组在大众传播研究中出现了两个不同的维度：一个维度是“媒介的形象”，也就是大众传播媒介组织的形象，称之为传播者媒介形象；另一个维度是人或事物“在媒介上的形象”，也就是大众传播媒介组织再现的人或事物的形象，称之为被传播者媒介形象。如果使用“形象的媒介再现”这一表述，想必就不会出现以上的歧义。

另外，本书使用形象的媒介再现代替媒介形象，还有一个重要原因，就是为了突出媒介系统在形象信息生成中起到的主观能动作用。

建立在建构论基础上的媒介再现观，将事物的客观存在和媒介存在进行了区分，在这里，我们可以把事物的形象理解为事物“存在”的一种形式。司法形象的媒介再现，是指媒体通过文字、图像、影音等符号，将现实世界的司法形象再次呈现于媒体所营造的“虚拟环境”中，媒体在再现的过程中设置议程、建构意义，并且使受众在一种浑然不觉的状态下去理解媒体的安排。而在价值多元、利益多元的社会背景下，媒介受到了来自政治、经济、文化等社会力量的规制，戴着所谓“具有魔法的眼镜”，时而变色，时而变形，时而把远在天边的对象清晰地呈现在您的眼前，时而也会让您对眼前的东西模糊不清……媒介无时无刻不在运用着自己的主观视角，体现着自身对司法议题的片面看法，是意识形态和社会权力的再次分配。正因为如此，笔者对媒介的司法形象更倾向于使用“再现”一词，而不是“呈现”。

还要多说一点的是，正如绪论中所述，对司法形象的重构并非始于媒介系统，而是在司法系统内部，重构就已经开始了。由于司法信息的特殊性，媒体必须高度依赖司法机关的权威信源，故而，经由司法机关选择、加工过的信息显然会对最终的媒介呈现产生影响，从某种意义上说，媒介的再现行为是对司法形象的“二次加工”。因此，在研究的过程中笔者也将时刻注意这一重要的影响因素。

（二）司法形象的媒介再现在司法形象生成过程中的重要作用

1. 是司法形象系统的重要组成部分

前文已经提到，司法形象的最终生成要经过三个阶段或三种表现形式，分别是司法系统自我构建的形象、媒介再现的形象和公众认知的形象。媒介再现的形象在整个形象系统中是不可分割的，是最终形象生成的重要一环。诚然，形象的生成也可以绕开媒介再现环节，仅仅依靠人们的切身感受，在具体个案中，人际传播的影响和效果可能更加深远和直接，但是那样的形象生成只是基于个人经验，难免陷入人际传播的局限中，并且不带有普遍性和代表性。

此外，除非是深度参与过司法实践过程的人，如打官司、被审判等，否则很难有机会对司法有一个深刻的了解和认识。当然，一个人完全不接触司法活动或司法组织是不可能的，比如去派出所办理身份证、在道路上接受交警的指挥，严格意义上都可以作为了解司法形象的渠道。但显然，这种了解和感知并不深刻，很难形成牢固的思想认识。相对于此，媒体强大的议程设置能力以及对受众认知判断的影响能力决定了人们对司法形象的最终认识渠道还是需要依靠媒体的传播。

2. 在形象系统中起到承上启下的桥梁作用

大众媒介在政法系统、司法机关同广大公众之间架起了一座桥梁。作为载体，新闻报道承载着司法的形象符号被传达到千万受众的心目中，而反过来，受众心目中的司法形象又通过大众媒介这一桥梁回馈给司法机关，从而为他们改进工作提供现实依据。

此外，大众媒介是司法形象传播的中转站，起到了承上启下的作用。司法系统所努力构造的本源形象成为大众媒介形象再现的对象，而其本身又成为公众认知司法形象的依据，缺少了这一承上启下的桥梁，大众传播和形象塑造就无从谈起。再者，虽然媒介作为一种社会控制的重要手段，同时受到了各种权力场域的规制，从而导致了形象信息被选择加工和主观构建，但是我们也应该看到的是，如果没有了可控状态下的大众媒介系统，信息的传播可能出现两种情况：要么传达不出去，要么经过了更多的演绎和变形，从而造成信息的失控和失序，缺少了这一桥梁，最终损害的还将是公众和社会的利益。

3. 对最终形象的形成起决定性作用

众所周知，大众媒介对于公众议程有着强大的设置能力，并通过这种议程的设置最终影响着公众的感知和评价，人们对司法的直接接触和参与有限，更多的还是需要借助媒介的告知。而媒介绝非完全客观、中立地还原司法形象，不同的媒介有着不同的意识形态诉求，对于司法形象，媒介会通过素材的选择、框架的置换、话语的转换、报道视角的切换等报道策略来表达出自身的立场和观点，从而塑造出多元的司法形象。在后文的研究中，我们将会对这些报道策略和相对应的形象再现——展开深入的讨论。

第三节　司法形象的“应然”和本轮司法改革的形象诉求

一、司法和司法改革为何需要形象诉求

对“司法和司法改革为何需要形象诉求”这一问题的回答，应该是本选题成立的一个重大前提。有学者认为，司法机关只需要埋头做好自己的本职工作就好，要形象塑造何用？也有学者认为，司法形象本就应该是冰冷的、严肃的、不近人情的，为何还要花大力气塑造这样或那样的多元形象呢？为了回答这些问题，我们应该从司法形象对司法工作和司法改革的重要意义上进行考察。良好的、正面的、积极的、公正的、高效的、廉洁的、透明的、阳光的、为民的司法形象究竟可以带来哪些益处呢？笔者认为有以下几点：

（一）良好的司法形象可以树立法治权威，取得人民的信任和好感，创造良好的司法改革环境

良好的司法形象可以带来实际的政治资源，这些资源包括法治的权威、公信力、号召力以及美誉度。拥有了这些政治资源，法律的制定就拥有了更多运作的空间，司法的改革就拥有了更多宽松的环境。参照政府权威的概念，政治学观点认为，政府权威可以理解为政府在运行过程中获取的公众对自己意志（价值理念）的服从关系。这种服从关系的获得来自两种方式：一种是通过恐吓、要挟、强迫、压制等强制性手段使民众被迫服从政府的行为；另一种则是通过公众对政府执政理念、价值观念的认同以及对政府行为、政府绩效的认可，从而对政府产生的一种自愿性的服从。政府的号召力、公信力和美誉度都来自自愿性服从。对于法治权威来讲，公众对执法的服从、对判决的认可总体上来自对法治权威和公信力的信任程度，是一种对国家法治理念发自内心的赞同。应该说，被迫的服从是“强扭的瓜不甜”，其效率和效果都不会十分理想，即使一时达成目的，也会掩盖许多社会矛盾。而自愿的服从则是公民意愿和司法意志的统一，产生的效果也一定会事半功倍，是依法治理社会的理想状态。特别是在司法改革进入深水区的当下，良好的司法形象所带来的人民的支持和信任，对司法改革的推进具有特殊重要的意义。

（二）良好的司法形象对政法干警有着强大的凝聚力和向心力，可以提升司法改革的贯彻力和执行力

良好的司法形象能对外树立权威、赢得信任，对政法系统内部则可以凝聚共识，增强向心力。一个组织如果想要提升效率、增进执行能力，一个办法是在管理上狠下功夫，另一个实现的方式就是通过塑造良好的形象，使组织成员增进凝聚力和使命感。作为政法系统组织内部的工作人员，不管是官员还是普通的干警，都需要在组织中找到自己的职业归属和人生定位，一个为人民服务的、高效的、廉洁的、公正的司法形象，有助于唤起成员的自豪感、使命感、自觉意识，使他们认同自己的公务行为是和崇高的司法理念相一致的，从而坚定他们为人民服务、为法治服务的理想信念，自觉抵御各种诱惑，自觉维护司法形象，进而提升队伍战斗力和执行力。

而随着司法改革的一步步推进，如果政法干警切身感觉到自身工作越来越得到认可，自身形象越来越得到赞誉，他们自然会有一种继续推行下去的愿望，并对克服改革过程中遇到的阻力充满勇气和决心。反之，如果司法形象并没有随着司法改革而得到提升，反而越来越差，他们自然会怀疑司法改革的方向，否定司法改革的成绩，最终有导致司法改革失败的危险。

（三）良好的司法形象是一种能力资源，可以提高司法机关处置危机的能力

良好的司法形象树立起了法治的权威，提高了司法的号召力和公信力；同时，它的对内激励作用还有着强大的凝聚力和向心力，增强了政法干警的战斗力和执行力。因此，司法就获得了一种可以妥善处置各种危机的能力。在中国社会转型加速的当下，各种社会矛盾集中爆发，应对各种突发状况，司法部门采取的措施稍有不当就会招致舆论的批评和指责，甚至有可能成为引发更大危机的导火索。特别是在互联网和新媒体大行其道的当下，面对突发状况，信息的急速传递和流言的四处蔓延，都可能导致群众的“盲信”和“盲从”，为司法部门的危机处置增加了难度。

良好的司法形象可以使这一难度得到有效的减缓。在危机处置的过程中，一般认为组织需要做好解释、辟谣、处理、善后等工作。解释、辟谣的工作需要组织的权威性和公信力，形象好的司法部门会让公众更倾向选择相信其提供的信息，而不是流言蜚语；在一些危机的处理过程中，需要人民群众的密切配合，良好的形象保证了强大的号召力，并可以取得公众的理解和谅解，从而为进行独立公正的司法工作争取良好的社会环境；而在善后过程中，群众的积极反馈也有助于司法部门吸取经验、改进工作。所有这些处置行为的实现，又需要政法干警目标一致、高能高效地协同和执行，良好形象带来的向心力就起到了作用。因此，我们说，良好的司法形象既是一种政治资源，也是一种能力资源，可以提高处置危机的能力。

（四）良好的司法形象可以促进国家或地方形象的正面化，更能够巩固和加强执政党的地位和合法性

良好的司法形象对于国家、地方、执政党的积极作用毋庸置疑。良好的司法形象意味着稳定的社会环境、良好的社会治安和优良的投资环境，在开发旅游、吸引人才、吸收投资等方面都会形成强大的助力，从而帮助该国或地方形成更强的竞争力。司法形象是构成一个国家或地方法治与否、文明与否的重要因素，对该国或地方的形象形成有着正面的促进或反面的丑化作用。

司法形象作为由若干子系统组成的巨系统，同时它也是组成上一级系统中的子系统。正如我们强调的，政法干警的形象一定程度上可以代表司法机关的形象，而司法机关形象又可以一定程度上代表整个司法形象一样，司法形象也反映了一个国家或地区的文明程度，在一定程度上代表着国家或地区形象。对于一个国家或地区来说，构成其整体形象的因素有很多，如风土人情、自然景观、社会经济发展水平、人民的素质和精神面貌等因素就一定程度上决定了该地的形象，而社会文明和政治文明同样是重要的形象构成要素，司法形象就属于政治文明的范畴。如果该国家和地区的司法，给人的印象是依法办事、服务人民、公平公正、高效廉洁的，那么人们自然会认为这样的国家或地区必定是一幅社会欣欣向荣、经济繁荣发展、人民安居乐业的景象；反之，如果司法给人的印象是封闭的、腐败的、僵化的、不公的，那么其治理下的国家和地区也会和经济萧条、治安混乱、民生凋敝等概念联系在一起。因此，司法部门在塑造自身良好形象的同时，也是在给本国和本地区的良好形象加分，其积极的促进意义不言而喻。

与此同时，司法形象的好坏也反映了执政党的执政能力的高低、执政理念的先进与否、执政根基的稳固与否。特别是在我国，司法同政权有着密不可分的关系，司法形象从一定程度上代表着中国共产党的形象，良好的司法形象是良好的党的形象的生动体现与有力彰显，司法改革的成功也是中国共产党领导下的社会主义事业取得胜利的重要标志和功绩。也正是基于这一点，司法形象，特别是司法改革中的司法形象，才更为执政党所看重，并进行着持续的、不遗余力的大力宣传。

正是基于以上原因，我们说，不管是从司法系统内部的视角，还是从领导司法工作和司法改革的执政党的角度，都要求在司法改革中展现出一种良性的司法形象，为司法工作、为社会主义建设事业、为党的领导添彩和加分。

二、司法形象的“应然”

所谓司法形象的“应然”,就是指司法形象应该展现的状态、应该体现的价值，它代表了司法理念的一种理想化表达，是司法工作正面效应最大化的一种预想效果，是司法建设需要为之努力奋斗的目标和方向。一般来讲，现实中的司法机关在司法工作中所展现出的形象，属于司法形象的“实然形象”，“实然形象”和“应然形象”有着一定的差别和距离，“实然形象”更加丰富、更加具体，是一种有好有坏的多元展现，而“应然形象”则更加理想化、理念化，更多地反映出一种司法的本质属性和本质追求。

笔者将这种司法的本质属性和追求，也就是司法形象的“应然”状态，划分为三个层次，分别是处于最核心、最根本的“阶级属性”，处于达成阶级属性的“理念属性”，处于理念属性所延伸出的“表层属性”。

首先，马克思主义学说认为，司法的本质是国家暴力机器的重要组成部分，是统治阶级用于维护其专政地位的工具。《中华人民共和国宪法》规定，中华人民共和国是工人阶级领导的、以工农联盟为基础的人民民主专政的社会主义国家。我国国家的一切权力属于人民。因此，我国司法最基本的本质属性应该就是人民性，而我国司法形象的本质和“应然”就应该是“人民司法”的形象。人民司法既来源于传统，更来源于现实。“人民司法传统”源于井冈山革命根据地时期，是一种怀抱解放使命、重视实质正义的独特的德性司法传统。这一传统以党的领导为其组织保障，以服务于党和国家的中心工作为其任务，司法人员应德才兼备，运用群众路线的工作方法，在司法活动中实事求是，有错必纠。而“人民司法”属性所源于的现实原因则在于，执政党必须通过司法的人民性来保障自身执政地位的合法性，以及执政根基的稳固性。这一认识来源于对“权为民所赋”的普遍认同，来源于对“人民赋予的权力，人民有权收回”原则和规律的承认。也正因为此，“人民司法”作为最根本、最核心的司法“应然”形象无可厚非，这也很好地解释了为何我国公安、检察、审判机关都以“人民”为前缀，称之为“人民公安”“人民检察”“人民法院”的原因。

其次，使司法的人民属性得以表达，人民的利益得以伸张的根本途径是什么？或者说国家治理的根本途径是“人治”还是“法治”？这是一个经过数千年人类实践而渐渐得以辨明的道理。中国历史悠久，但大部分历史都是一部“人治”史，不管是经历奴隶制度、封建制度还是资本主义制度，中国社会的“人治”因子始终大于“法治”因子。历史经验证明，要实现政治昌明、经济繁荣、社会稳定，就必须走“依法治国”的“法治”道路。今天，中国共产党已经充分认识到“法治”的重要性和必然性，从党的十五大“依法治国”被正式提出和九届全国人大二次会议将其写进《中华人民共和国宪法》，如今，几十年间，“依法治国”已经成为国家治理的基本方略，更成为全体人民的普遍共识。作为“依法治国”的主体，司法机关必须更加尊重法治精神，更加按照法治规律开展司法实践，因此，“法治”应该是司法另一个层次上的“应然”形象。

司法的表层形象，应该包括公平、公正、高效、廉洁、公开等形象表现。这些形象表现应该是不分中外、无论古今都被普遍认可的对司法工作的要求，是最为普遍意义上的司法“应然”形象。虽然我们一直在强调，司法的理念和功能不可能始终一成不变，需要根据社会、经济的发展进行适时的调整，但有些基本的原则是亘古不变的，这些基本原则的形象诉求就反映为三个层面的司法“应然”形象，这些都是司法形象的基础诉求，在任何时间、任何情况下都应该是司法工作的追求方向和价值目标。

三、当前司法改革的形象诉求

（一）形象诉求一：更加突出党领导司法的形象

党的领导是司法工作沿着中国特色社会主义法治方向不断前进的根本保证，必须毫不动摇地加以坚持。在中国，司法问题从来都不是单纯的法律问题，而是一个重要的政治问题，脱离了中国共产党的领导，很难想象社会主义司法改革事业会取得成功。正如有学者指出的，中央直接加强对政法工作的领导，有利于促进司法改革。

当然，党对司法的领导，原则上并不参与具体的办案，而是对司法工作的方针、政策做总体的布局和规划，对司法改革的目标和举措进行宏观设计。

加强党的领导，也意味着要把党的行为纳入到依法治国的轨道中去，“党必须在宪法和法律的范围内活动”，这是党章的规定。只有执政党守法，才能带动全社会的法治观念和法律意识，才能保证司法改革的顺利进行和最终成功。

在社会转型、价值诉求多元化、西方法律思潮不断涌入的当下，突出党对司法的领导形象，坚持和改善党对司法工作的领导，有着特别重要的意义。

（二）形象诉求二：更加独立专业的司法形象

加强党的领导，并不意味着党要干预司法权的独立行使；正相反，本轮司法改革的目的就是要消除行政权力对具体案件办理的干扰，尽最大可能保证司法工作的独立性。为此，中央作出了许多重大部署，中共中央办公厅和国务院办公厅、中央政法委、“两高三部”（最高人民法院、最高人民检察院、公安部、国家安全部、司法部）先后印发了《领导干部干预司法活动、插手具体案件处理的记录、通报和责任追究规定》《司法机关内部人员过问案件的记录和责任追究规定》《关于进一步规范司法人员与当事人、律师、特殊关系人、中介组织接触交往行为的若干规定》；同时，各级人民法院的人、财、物开始交由省级法院统管,脱离与地方的关系；法官的去行政化改革也在有条不紊地进行。这些举措，都是为了保证司法机关依法独立行使权力。

（三）形象诉求三：更加透明公正的司法形象

公开、透明的司法形象是提升群众认可、增加司法公信的重要保证，也是有效地展开司法监督的前提。本次司法改革的一个重要指向就是要加强对司法监督制度的建立与完善，而加强司法的公开、透明，显然是对司法最为有效的监督。众所周知，绝对的权力导致绝对的腐败，只有让阳光照进司法工作的每一个环节和角落，司法权力才能够被关进“笼子”里。司法机关是国家权力的重要组成部分，司法权是“猛于虎”的公权力，缺乏监督的司法必然导致腐败和不公，从而可能使一个十恶不赦的人逃脱惩罚，也可能使一个无辜之人蒙受不白之冤。因此，必须大力进行司法公开、阳光司法建设，让司法机关和司法活动始终处于人大、媒体、公众、法律专业人士的监督之下。最高人民法院落实了司法公开三大平台建设，检察机关加强了检务公开，公安机关也加强了执法公开，所有这些努力，都是为了力图树立一个公开、透明、阳光的司法形象。

（四）形象诉求四：更加注重以审判为中心的司法形象

一直以来，我国司法制度都是以公安机关及其行使的侦查权为中心，法院和审判权处于次要和配合的地位。但事实证明，没有法院的居中调解和裁决，光靠公安机关的行政强制措施难免事与愿违。正因为如此，中央要求必须重新调整公检法三家司法机关的关系，突出以法院和审判权为中心的司法体制改革，并为此作出了实际的努力。比如 2010 年 4 月，中组部要求省级党委政法委书记不再兼任公安厅（局）长，被视为理顺公检法关系的尝试，这些举措反映了国家防止侦查权僭越司法权的努力，既是对过去司法理念的纠偏，也是对司法本质的回归，代表了我国的司法进步，以及同世界先进司法理念的接轨。

（五）形象诉求五：更加注重人权保障的司法形象

一部分司法人员法治观念和人权观念的淡漠，导致了对疑犯、犯人的歧视、侮辱现象时有发生。一直以来，中央和司法机关都在对这些违反人权的行为进行大力的纠正，本轮司法改革更是要从制度上确保对人权的大力保护。比如，2015 年 2 月，最高人民法院、公安部联合下发文件，规定被告出庭受审时不再穿囚服，从这一小细节可以看出司法机关尊重、保护人权的努力。

第二章　新中国历次司法转型过程中的媒介表现

治学先治史。中华人民共和国成立后，司法制度和司法体系的发展经过了一波三折、迂回前进的发展历程，这其中既有成绩与进步，也有挫折与倒退。而我们发现，在历次司法转型的过程中，都不乏媒体参与其中的身影，也就是说，媒体在我国的司法进程中扮演了一定的角色，起到了一定的作用。而通过研究发现，这一角色地位确实不轻，作用程度也着实很高。

通过对历次司法转型的媒介表现进行研究，可以为我们的研究提供另一个起点，使我们更进一步地了解当下在对司法形象的媒介再现中，媒体所使用的观点立场、报道框架、话语策略、语言风格不光受到实时的社会、政治、经济、文化等各种因素的影响，也同样受到来自历史与传统的规制。更重要的是，我们可以通过对比，发现媒介与司法关系发生变化的脉络及缘由，并了解当下媒体在司法议程中的守成与推进。

在这里需要说明，“司法转型”不等同于“司法改革”，本书所讨论的历次司法转型是一个中性词汇，是指司法系统随着政治风向和社会发展的变化而进行的调整，这种调整既包括积极的方向，也包括消极的方向，司法改革则暗示褒义的改进和积极的变革；“媒介表现”也不等同于“媒介再现”，意在讨论媒介对司法工作从报道到态度、立场的整体性表现。总的来说，司法转型和媒介再现都是在一个更大的层面来把握中华人民共和国发展历程中司法和媒介的互动关系。

第一节　司法体系的初创和健全阶段（1949—1956 年）

一、司法工作的概况

这一时期以中华人民共和国成立为起点，终止于 1956 年中共八大，其间中国司法体系、司法制度经历了一个从无到有、从初创到基本健全的过程，其中的很多思想、理念、设置、制度一直影响至今。

1949 年，中国人民政治协商会议第一届全体会议通过了《中国人民政治协商会议共同纲领》，其中规定："废除国民党反动政府一切压迫人民的法律、法令，建立人民司法制度。"

旧的司法制度废止的同时，新的司法制度也在积极建立。在中华人民共和国成立的当天，中央人民政府就任命了沈钧儒为最高人民法院院长，罗荣桓为最高人民检察署检察长，随后，董必武被任命为政治法律委员会主任，主管新中国的司法工作，后又任命罗瑞卿为公安部部长，史良为司法部部长。中央司法体系建立起来以后，地方各级司法机关陆续建立，中华人民共和国的司法机构在组织层面迅速搭建完毕。

1954 年，第一部《中华人民共和国宪法》颁布实施。其中规定："中华人民共和国的一切权力属于人民，人民行使权力的机关是全国人民代表大会和地方各级人民代表大会。"其中还对审判机关和检察机关进行了权责的规定，并明确了法院、检察院应独立行使职权，"不受地方国家机关的干涉"。可以说，这一规定在当时有着非常先进的进步性。

随后，《中华人民共和国人民法院组织法》《中华人民共和国人民检察院组织法》《中华人民共和国警察条例》等法规相继出台，进一步详细明确了各司法机关的权力与义务，规定了各司法机关划分为中央、省、地区、县四级组织结构。至此，一个比较系统、完整的司法体制正式得以建立。

在法律制定方面，1954 年《中华人民共和国宪法》颁布以后，一届全国人大常委会就在紧锣密鼓地对《中华人民共和国民法》《中华人民共和国刑法》《中华人民共和国民事诉讼法》《中华人民共和国刑事诉讼法》等社会基本法律的起草工作，但受当时的历史条件限制，立法进展缓慢。在这一时期，中国的法律体系处于一种真空状态，很多案件需要根据纲领、命令、政策、决议来进行审理，再加上当时的司法队伍成分复杂、思想不统一，从而导致了司法工作出现了一些混乱的局面，一些地方不按法律规定办理案件的情况时有发生。

与这一时期的司法体制刚刚草创、尚属幼年的现实情况不同的是，中共高层对司法工作的认识已经处于一个相对成熟和开明的程度，这种成熟和开明体现在中共八大对司法工作的总结和部署上。

1956年9月，中共八大召开。刘少奇在大会上指出，“为了巩固我们的人民民主专政，为了保卫社会主义建设的秩序和保障人民的民主权利，为了惩治反革命分子和其他犯罪分子，我们目前在国家工作中的迫切任务之一，是着手系统地制定比较完备的法律，健全我们国家的法制”。更为重要的是，刘少奇还指出了司法机关应遵循分工负责、相互制约的原则，这一观点符合较为先进的法治理念。他说，“我们的一切国家机关都必须严格地遵守法律，而我们的公安机关、检察机关和法院，必须贯彻执行法制方面的分工负责和互相制约的制度”。

当时主管政法工作的董必武发言说，“党中央号召公安、检察、法院和一切国家机关，须依法办事。我认为依法办事，是我们进一步加强人民民主法制的中心环节。依法办事有两方面的意义：其一，必须有法可依。这就是促使我们要赶快把国家尚不完备的几种重要的法规制定出来。其二，有法必依。凡属已有明文规定的，必须确切地执行，按照规定办事；尤其一切司法机关，更应该严格地遵守，不许有任何违反”。

应该说，中共八大对司法工作的认识和总结，具备了相当的科学高度和民主高度，可以说是中华人民共和国成立到1976年10月这段时期以内，我们党对司法认识的重要时间节点。但遗憾的是，这种认识并没有被坚持下去，中共八大对司法工作作出的正确部署并没有得以继续贯彻和执行。

二、媒介的表现

中华人民共和国成立后，中共中央和中央人民政府迅即对在革命战争中发展起来的党的新闻事业进行调整和充实，建立起一个以北京为中心、遍布全国各地的公营新闻事业网。这个公营新闻事业网，包括以《人民日报》为中心、以党报为主体的公营报刊网，以新华社为主体的国家通讯社网和以中央人民广播电台为中心的国营人民广播电视网。

从中华人民共和国成立到改革开放之前的这段时间，“公营”是我国新闻事业最大的特点。据统计，到1954年10月，全国248家报纸均为公营。媒体作为党的“喉舌”，宣传和舆论引导成为媒体唯一的功能。基于这一点，这一时期内的新闻媒体在内容上有着高度的一致性。正因为如此，对改革开放以前时期内的媒介表现相比起今天来说并没有那么复杂，报纸是最基本的也是最重要的传播工具，而报纸中《人民日报》自然是无可争议的宣传重要阵地，我们对这段时间的研究也采用以《人民日报》为主，以其他报纸为辅的考察方式。

早在中华人民共和国成立的第一天，司法机构的形象就出现在了《人民日报》的报道里。从《辅仁千五百学生集会·公诉捷德籍神甫非法行动·被害同学向人民法院起诉》这篇报道中可以看出，人民法院在中华人民共和国建立伊始就已经开始运作，司法职能即已开始发挥作用。

这段时间中媒体对司法报道的最大特点，是对相关会议的报道和对重要通知的传达，如《中央人民政府公安部召开全国公开会议》《中央人民政府司法部第一届全国司法会议综合报告》等会议报道以及《中央人民政府政务院关于加强人民司法工作的指示》《中华人民共和国人民检察院组织法》《中华人民共和国公安部命令》等传达式报道。这些报道起到了很好的政治沟通的效果，使得中央对司法工作的部署、举措、指令得到清晰有效的传达，社会主义党报体制本身在政治沟通中起到的优势作用得以发挥。

中华人民共和国成立伊始，新生的人民政权面对国内外敌对势力的频繁破坏活动，局势尚不稳定。因此，作为保证人民民主专政的司法机关，其工作的任务也是围绕着镇压反革命、打击敌特、维护社会秩序以及保护“土改”成果为中心而展开的。

值得警惕的是，不良的政法干警形象也已经出现在了媒体的报道中，这类报道的比例虽然很低，但在当时的社会环境下有着特别的意义。由于政法干警队伍严重人员不足，无奈之下，政府只好保留了很大一部分旧政权时期的司法人员。据统计，中华人民共和国成立前的司法人员一度占到新生司法队伍的三分之一，各地都出现了不少司法人员欺瞒百姓、漠视法纪的事件，媒体此时的报道主要还是为了对司法队伍进行教育，这在一定程度上也起到了监督司法的效果。

这一时期另一种监督司法的方式，是《人民日报》开通的读者来信专栏。通过刊登读者来信中对司法机关的批评，并在随后的报道中反馈司法机关的检查和整改，《人民日报》成功打通了公众与司法机关的对话渠道，一种由党报所主导的理性的社会舆论监督机制得以确立。这类报道在这一时期非常多见。从1949年中华人民共和国成立到1956年党的八大召开的这段时期，党和国家的各项事业都基本处在正确的轨道上。在这样的社会背景下，以《人民日报》为首的党报很好地完成了司法宣传工作，履行了自己的媒体义务，传达和配合了司法工作的部署和开展，合理再现了司法机关保卫新兴政权、镇压反革命、打击敌特势力的正面形象。同时，党报也合理发挥了媒体监督的职能，一定程度上指出了司法工作的不足，推动了司法工作的改进。前文中介绍过，中共对司法工作的认知在1956年的中共八大达到了当时的高峰，我们知道，1956年新闻事业改革也使新闻事业取得了重大的成就，媒体对司法的报道正在向一个更有力、更积极的方向前进。但是，随着“左”倾错误思想开始蔓延，司法工作和新闻事业的良好局面一去不返，进而，处于正确轨道上的司法建设和新闻改革迎来了夭折的命运。

第二节　司法体系遭受严重破坏阶段（1957—1976年）

一、司法工作的概况

1957年4月，党中央发出《关于整风运动的指示》，号召全党进行一场反官僚主义、宗派主义和主观主义的整风运动。司法机关积极响应党中央的号召，至此，刚刚步入正轨发展的我国司法工作的重心开始转移。与此同时，受“反右”运动的影响，司法机关依法独立行使职权也遭受重创。1957年9月，中共中央对最高人民法院、司法部进行批示，指出，地方政法部门必须接受党委的领导和监督，党委有权过问一切案件。1958年，从县一级开始，公检法三机关被合并为公安政法部，随后，中央公检法机关也合署办公。这样，三家司法机关分工负责、互相监督、互相制约的制度设计被弱化。1959年4月，司法部被撤销，律师制度被取缔，律师队伍被解散。受“文化大革命”的冲击，到了1969年，检察院直接被撤销，司法部被撤销，法院系统陷入瘫痪，只有公安机关在一定程度上保持了部分职能，但整个司法体系几乎完全瘫痪。

二、媒介的表现

1957年，旨在反对官僚主义、宗派主义、主观主义的整风运动拉开帷幕。司法机关自然也参与了这场运动，司法机关的一些“自查自纠”都在媒体上得以报道。媒体报道从客观上反映了当时司法机关的工作重心已经不在案件办理、侦查、审判等本职业务上，而是转移到了热火朝天的政治运动上来了。

但无论如何，司法工作在1957年到1966年的十年间，虽然存在错误认识和政治斗争扩大化的问题，但一些基本的司法职能和一些维持司法工作正常运转的努力还是存在的,这些努力也通过媒体被反映了出来,比如《人民日报》刊发《加强人民警察队伍的建设》《公安检察司法先进工作者大会闭幕》等报道。

而伴随着运动的持续高涨，司法工作在新闻媒体的报道中出现的频率越来越低，这说明在当时的社会环境和政治氛围下，司法工作已经居于次要的位置。

通过对《人民日报》《光明日报》《解放军报》《文汇报》四家报纸在1966年到1976年期间的新闻报道进行的检索，我们发现其中的司法报道寥寥，出现最多的是某某公安的某某运动队取得了优秀的比赛成绩，与司法议题早已没有关系。

综上所述，在我国司法体系遭受严重破坏的二十年间，媒体的报道如实地反映出了国家和社会对司法的轻视，特别是在1966年到1976年中，司法报道完全淡出媒体议程，整个十年中，司法的媒介形象一直处于一种“缺位”状态。

第三节　拨乱反正和司法重建阶段（1977—1982年）

一、司法工作的概况

随着“文化大革命”的结束，党和国家的各项事业也渐渐回到正轨，司法工作也不例外。以邓小平同志为核心的党的第二代中央领导集体高度重视社会主义法治建设，提出要加快恢复司法制度，树立司法权威。1978年12月22日，党的十一届三中全会召开,会议提出“有法可依、有法必依、执法必严、违法必究”,明确“检察机关和司法机关要保持应有的独立性”，强调“法律面前人人平等，不允许任何有超于法律之上的特权”。这一天，是中华人民共和国司法史上值得铭记的一天，社会主义司法建设迎来了重大转折。

1979年,《中华人民共和国刑法》《中华人民共和国刑事诉讼法》《中华人民共和国全国人民代表大会和地方各级人民代表大会选举法》《中华人民共和国人民法院组织法》《中华人民共和国人民检察院组织法》等事关司法工作和司法制度恢复的法律相继出台。特别是“两院”组织法的出台，为“两院”的司法实践提供了法律保证，并建立了四级普通检法体系和专门检法体系。同年，司法部也被重建，我国律师制度开始恢复。在 1980 年对“四人帮”的审判中，使用了律师辩护制度，充分保障了受审者的人权。

1980 年，中央决定成立政法委员会，彭真任书记。在中央政法委成立之初，就规定只把握法律的政治方向，不干预个案。1982 年，《中共中央关于加强政法工作的指示》将政法委规定为党委的一个工作部门，联系、指导政法各部门的工作。

1982 年 12 月 4 日，五届全国人大五次会议审议通过了《中华人民共和国宪法》，也被称为“八二宪法”。这部宪法对 1978 年宪法进行了修正。司法制度方面，“八二宪法”明确规定：“人民法院是国家的审判机关”“人民法院依照法律规定独立行使审判权，不受行政机关、社会团体和个人的干涉”；“人民检察院是国家的法律监督机关”“人民检察院依照法律规定独立行使检察权，不受行政机关、社会团体和个人的干涉”；“人民法院、人民检察院、公安机关办理刑事案件，应当分工负责，互相配合，互相制约，以保证准确有效地执行法律”。可以说，这部宪法为我国今后司法事业的发展，为我国现代司法制度的建立，打下了坚实的法律基础。

二、媒介的表现

长达十年的“文化大革命”结束之后，国家建设百废待兴，司法制度亟须恢复和重建。媒体在这一时期肩负起了拨乱反正、统一思想的重要职责，也对司法工作的恢复发展起到了重要的推进作用。

1978 年 5 月 10 日，中共中央党校内部刊物《理论动态》第 60 期刊登了文章《实践是检验真理的唯一标准》一文。5 月 11 日，《光明日报》公开转发了这篇文章，署名“本刊特约评论员”，同日，新华社转发这篇文章并作为“国内新闻”头条。12 日，《人民日报》《解放军报》全文转载了这篇文章。影响未来中国命运的真理标准大讨论自此在全国范围内展开。

1978 年 5 月 15 日，《人民日报》发表文章《进一步加强国家法制，保障社会主义建设事业》，这篇文章是对董必武同志在 1956 年党的八大关于法治问题的著名发言《加强人民民主法制，保障社会主义建设事业》的重新发表。文章再次对“依法办事”“有法可依”“有法必依”进行了重申和强调。在这个时间点上重新发表董必武的发言，显然有着深远的含义，它使人民看到了党中央恢复法治的决心，涤荡了“文化大革命”遗留下来的漠视法律、抵制法治的错误观点，进一步统一了全社会的思想，为我国全面恢复和重建司法制度提供了坚实的思想理论基础。

这一时期，党和国家领导人非常重视利用媒体推进司法重建。1979年2月5日，《人民日报》报道了叶剑英在接见新华社记者时的谈话[①]，显然有着期望新闻媒体记者端正思想、加深认识、加大报道、配合和促进司法工作的深远用意。当然，新闻媒体的表现也没有辜负老一辈领导同志的期望。这一时期新闻司法报道主要呈现出以下特点：

第一，对新修订、颁布、实施的法律进行了大量细致的司法解释工作。这类报道有《〈中华人民共和国刑法〉名词解释》《〈中华人民共和国刑事诉讼法〉名词解释》《中华人民共和国人民法院组织法》《中华人民共和国检察院组织法》等，对新法律条文的转发和解释显然增进了人们对法律的认识和理解。

第二，做了大量的普法工作。同样是受“文化大革命”的影响，一些基本的司法理念、司法术语、司法概念都已成为陌生事物，别说是对于普通公民，就连在刚刚补充起来的司法队伍中，也很少有人对其有清楚的认识和理解。因此，这个时期媒体的普法内容显得非常的基础，而这也从侧面反映了“文化大革命”对我国司法的破坏之深以及这一时期我国司法重建的艰难与艰巨。这一类的报道有《何为保外执行？》《拘传、取保候审、监视居住》《什么是公诉？》《什么是通缉？》等。

第三，报道了大量司法系统内部的思想整顿工作，统一了政法干警的思想。为了让司法制度的重建顺利进行，则必须做好政法干警的思想统一和思想动员工作，在这一点上，通过新闻报道，媒体客观上促进了这一工作的推进。此类报道在这一时期内非常多，比如说，《恢复和发扬我国公安机关的优良传统和作风》《全国省、自治区、直辖市公安局长会议讨论真理标准问题》《赵苍璧部长要求公安机关和干警有法必依、执法必严、违法必究》等报道，都聚焦了司法队伍的思想建设。

第四，运用评论、社论等形式，阐明法治思想。社论是社会主义党报的一

① 见《人民日报》1979年2月5日的报道《叶委员长接见新华社记者谈法制建设，人大常委会着手研究健全法制》。

大特色，代表着党委对某一问题的重视。这一时期的社论，如《认真做好人民法院工作》《论“执法必严”》《公安部门执法严明，领导干部严于律己》《公安司法工作者的重要职责》等，反映了党对司法工作的热切期盼，并为司法建设指明了前进的方向，起到了思想统一和思想动员的效果。

第五，进行了大量平反冤假错案的报道，反映了这一时期司法工作的主线，塑造了平反者的司法形象。在《广东省加速平反冤案错案》《黔南自治州法院拨乱反正排除干扰坚决平反冤案》《南京市中级人民法院加强领导采取措施，抓紧复查群众申诉案件》《新疆高级人民法院在复查冤案、假案、错案中》等报道中，我们可以发现，这一时期人民法院做了大量对“文化大革命”时期造成的冤假错案的平反工作，反映了这一时期司法工作的主线，这也从客观上再现了司法机关作为冤假错案“平反者”的积极形象。

第六，进行了大量典型化报道，政法干警的媒介形象日趋多元化。这一时期大量报道对准普通政法干警，如《把全副精力献给人民——记“雷锋式民警”邵裕桥》《风雷街上的女民警——记重庆市七星岗派出所民警谢德蓉》等，这些报道中的典型人物分别表现出了奉献、敬业、廉洁、铁面无私、舍己为人等正面形象，政法干警的媒介形象开始多元化。更重要的是，这些典型报道都有一个共同的特点，那就是对普通、基层干警的报道，并且报道手法故事化、写作风格口语化，这在无形中拉近了群众与干警的距离。此外，从数量上，这一时期出现在媒体上的对政法干警典型化的报道非常多，大量的典型化报道与“文化大革命”中政法干警的形象缺失形成鲜明的对比，从而隐喻了政法干警重新回到人民群众中、重新担负起为人民服务的使命的现实局面，而这也正是党和国家希望借由媒体向全国人民告知的重要内容。

此外，专业的司法媒体在这一时期开始出现。1979 年，《民主与法制》在上海创刊，这是我国最早的综合性司法类期刊，每期最高发行量曾经达到过 258 万份。而 1980 年，《法制日报》的前身《中国法制报》创刊，作为刚刚创立的中央政法委的机关报，起到了配合中央法治精神和政策的宣传作用。

综上所述，这一时期媒体的司法议程主要有三个侧重点，一是聚焦思想观念问题，二是聚焦冤案平反，三是聚焦基层干警，这些报道反映出了“文化大革命”结束后，我国司法制度恢复与重建工作所取得的重要成果，同时在人民群众心目中形成了司法回归的印象。更重要的是，经过媒体所做的思想统一和动员，我国司法建设开始进入发展的快车道。

第四节　公检法部门关系进一步调整阶段（1983—1991年）

一、司法工作的概况

随着司法机关、司法制度的恢复以及“八二宪法”的颁布实施，我国司法建设迎来了一个黄金发展期，但是这个发展并不是一蹴而就的，它是根据社会思潮和经济社会的发展而进行相应的调整。在20世纪80年代，对于刚刚走出“文化大革命”的广大人民群众而言，对国家前途充满迷茫、精神信仰一度迷失，之后的经济腾飞在当时尚未启动，从而导致社会治安持续恶化，大大制约了经济、社会的发展。于是，“严打”成为迅速扭转社会治安局面，保持社会稳定的最直接、最高效的方式。为了“快抓快判”，公安机关成为“严打”主导，侦查权成为司法权的中心，法院和检察院处于一种配合地位，成为维护社会稳定的工具。客观地说，这种公安主导的模式确实很好地起到了迅速提升社会治安的效果，但是，也带来了很多后遗症，例如有罪推定、刑讯逼供等现象时有发生。

即便如此，司法体制的建设和发展依然展现出积极的态势。在20世纪80年代后期，国家开始了司法职业化的尝试、审判方式的变革，都取得了良好的效果。

随着律师制度的恢复，国家于1986年举办了全国律师资格考试，为补充壮大律师队伍、提高律师素质提供了人才选拔的机制保障。1988年以后，律师事务所由“国办”转为“自办”，律师的身份也由“国家法律工作者”转为“社会法律工作者”。

1989年4月，《中华人民共和国行政诉讼法》颁布实施，为“民告官”提供了法律途径。自此，我国刑事司法、民事司法、行政司法三大司法体系得以全面确立。

二、媒介的表现

在这一时期，党报一枝独大的局面仍然得以延续，但已经出现变化的迹象。

这是因为，电视已经开始进入家庭，同时，晚报、都市报等市场化运作的媒体已如雨后春笋，正处于勃发阶段。但是，这些新兴媒体，不论是从规模还是影响力上，尚不能同传统的党报相提并论，归根结底，还是因为经济、社会的发展程度尚未危及主流话语的权威地位。

20世纪80年代，“严打”成为当时司法工作的重点，这一工作重点在媒体内容上同样得以呈现。以《人民日报》为例,通过《北京公安机关严厉打击刑事犯罪，三年来发案率下降百分之三十七》《公安部部署夏季治安工作，打击流氓滋扰哄抢活动》《开展“严打”斗争，维护社会稳定，依法严惩严重犯罪分子，挽救轻微违法犯罪者》等报道，我们可以发现，“严打”是这一时期司法工作的主基调，公检法各机关都积极参与、互相配合。从媒体给我们所展示的严打成果来看，确实起到了立竿见影的效果。但是，以今天的眼光再来审视此时的报道，似乎会发现其中司法机关一些操之过急的行为，以及公检法三家机关角色定位的混乱。

除了“严打”，20世纪80年代，司法报道还有一个突出议题，就是对廉洁司法的强调。如《公安局长的拒贿单》《制止向法院干部行贿》等报道，就试图塑造廉洁司法的形象。这说明，随着改革开放的深入，经济力量开始通过非法手段向司法领域渗透，新闻媒体加大对这一议题的报道力度，也是从客观上形成了对司法队伍的宣传、教育和监督。

在报道风格和手法上，党媒也在发生着悄然的变化。一系列纪实性报道开始出现，案件报道明显增多，写作手法上也更为详细生动，比如《击毙“二王”纪实》一文，对震惊全国的东北“二王”特大杀人案最后的结局进行了非常详细的描写，突出了政法干警英勇、无畏、果断、坚决的形象。这种突出细节、贴近实际的报道手法使得媒体在再现司法形象的过程中，不再像过去一样流于空洞和概念化的表述，而变得更加丰富、具体、可信，这在一定程度上反映了新闻报道水平的进步。

这一时期另一影响深远的现象，是司法机关的机关报纷纷扩版和创刊。1988年1月1日中共中央政法委机关报《中国法制报》更名为《法制日报》，并进行了增扩改版；1984年10月5日公安部机关报《人民公安报》创刊；1991年最高人民检察院机关报《检察日报》创刊；1992年最高人民法院机关报《人民法院报》创刊。机关报的发行在司法系统内部起到了很好的信息传达和政治沟通的效果，客观上也在形塑着司法的形象。这些举措都说明了中央级司法机关对司法宣传工作的日益重视，更重要的是，这说明了司法机关逐渐开始具备独立表达自己声音的意识，从侧面也反映出司法工作虽然仍紧紧服务于政治，但其运作和实践已经有了因循自身逻辑的趋势。

第五节　法治建设快速发展和完善阶段（1992—2001年）

一、司法工作的概况

1992年，随着邓小平南方谈话和社会主义市场经济主体地位的初步确立，党和国家工作的重心彻底转移到经济建设上。中国经济经过多年的发展，取得了举世瞩目的成就。而随着经济的发展，社会各个阶层也在开始分化，各利益集团和群体开始形成，从而一些新的社会、经济关系需要依靠法律进行调整，过去那种以打击犯罪、维护稳定为主导思维的司法体制显然已经不能适应经济社会的变化。

在此背景下，国家因应经济发展的强烈要求，开始加紧完善社会主义法律体系，一大批民商、经济、行政、社会领域法律法规相继制定。在整个20世纪90年代，我国制定、修订法律190部，行政法规353部，中国特色社会主义法律体系初步形成。

司法从业人员的法律规范也在这一时期完成。1995年，全国人大常委会审议通过了《中华人民共和国法官法》和《中华人民共和国检察官法》，对法官、检察官的职责、权利、义务、资格、任免以及等级、回避、考核、培训、奖惩等作出了具体规定，两部法律的制定是我国司法制度向现代化、正规化迈进的重要标志。

1996年，《中华人民共和国律师法》颁布实施。对律师的执业条件，律师事务所的设立和形式、律师的执业范围和权利，律师的法律责任、律师协会的性质和任务进行了明确的规定，推动了律师制度的改革与深化，标志着我国律师制度已经走上了正规化、专业化、现代化的道路。

此外，在20世纪90年代，国家还对一系列重要法律进行了适当的调整和修改，以使其适应经济社会发展所提出的新要求。1996年，《中华人民共和国刑事诉讼法》修正案经全国人大常委会审议通过。新修订的《中华人民共和国刑事诉讼法》确立了“无罪推定、罪刑法定”的诉讼原则，并取消了公安机关采取收容审查的手段，修改逮捕、批捕条件，强调保护公民人身权利。这实际上是对过去以公安刑侦为主导的司法机制的修正。

1997年，八届全国人大五次会议对《中华人民共和国刑法》进行了重大修改。修改后的《中华人民共和国刑法》在完善性、详细性、可操作性方面取得了长足进步，更为重要的是，其大大限制了案件侦办、审理人员的随意性和司法腐败、贪赃枉法的可能性。

对司法体制进行技术性调整的背后，是执政党执政理念和法治认识的不断转变和深化。随着执政经验的丰富和对历史经验的总结，党的执政理念日益科学化，对法治的理解也日益深刻。1997年，党的十五大确立了“依法治国，建设社会主义法治国家”的目标；1999年，“依法治国”被写进宪法，“有法可依、有法必依、执法必严、违法必究”成为社会共识。这两起事件成为我国司法建设的里程碑，标志着我国司法制度开始向现代化的转型。

实现“依法治国”的主要途径是“司法改革”。党的十五大报告明确指出：“推进司法改革，从制度上保证司法机关依法独立公正地行使审判权和检察权。”这是执政党第一次在重要政治文件中明确提出“司法改革”的概念，说明司法改革已经成为党和国家的普遍共识和集体意志。

最高人民法院和最高人民检察院积极地贯彻落实了党的十五大提出的推进司法改革的任务，并编制了详细的改革路线图。1999年，最高人民法院发布了《人民法院第一个五年改革纲要（1999—2003）》，指明了未来五年的改革方向和34项具体改革措施；同年，最高人民检察院发布《检察工作五年发展规划》，确定了检察改革的原则和侧重点，并随后在2000年制定了《检察改革三年实施意见》，对2000年至2002年的检察改革作出了详细的部署。

二、媒介的表现

中国的媒介体制和媒介生态在这一时期处于一种前所未有的变局之中。一方面，新闻体制改革在20世纪90年代初率先启动，“事业管理、企业经营”

成为改革后的普遍媒体特征，党媒主导的一元化媒介格局开始分化，处于不同立场、代表不同群体的多元媒体格局逐渐形成，对司法形象的再现也更加复杂化、多元化；另一方面，电视在这一时期开始在城乡普及，从而取代报纸的传统地位，成为最为重要的媒介，这使得人们接触司法媒介形象的渠道也更加丰富和直观。

在这一时期，媒体对政府部门的监督已经成为一种常态，以中央电视台《焦点访谈》和《新闻调查》为代表的新闻监督类节目说明中国新闻话语权的扩大和社会民主的进步。但遗憾的是，这种媒介监督还未过多涉及司法领域。面对复杂敏感的司法议题，党媒大都采取对正面议题大力宣传、对负面议题"绕着走"的报道策略。而新兴的市场化媒体则干脆对司法议题避而远之。显然，在当时，新型的市场媒体还没有掌握太多监督和批评司法的话语资本，并且对于急需案件新闻来提升市场份额的新兴媒体，"得罪"案件新闻的垄断者——司法部门，显然并不"合算"和明智。

司法议题的题材结构也发生着悄然变化，涉及经济案件的报道开始增多。进入 20 世纪 90 年代，随着社会治安形势的好转，以及社会主义市场经济的确立，中国经济进入了高速增长的时期。我们可以从这一时期的司法报道中，发现司法部门工作重心的微妙变化，越来越多的司法机关开始参与到对经济关系的调整中。这一时期的党报报道，有着鲜明的经济案件特征，例如《人民日报》的报道，《运城一公司控告上级主管部门侵权，一审胜诉，法院判决被告赔偿损失 16 万多元》《最高人民法院和最高人民检察院联合发出通知，就办理经济犯罪案件中具体应用法律的若干问题作解答》等。由此，司法工作出现了越来越多经济案件的审理、经济纠纷的调解、经济关系的调节等内容，为社会主义市场经济"保驾护航"的司法形象也得以展现，这是之前任何时期的司法媒介形象都未曾出现的，也在一定程度上说明了我们党和国家的工作重心真正地转移到经济建设上来，并且司法工作正在主动适应经济发展的要求。

随着科技的进步和人民生活水平的不断提高，媒介的形式开始多样化，报纸绝对的老大地位逐渐动摇并最终被取代。广播事业蓬勃发展，电视机开始进入千家万户，人们对司法形象的了解不再局限于报纸这一个渠道。特别是电视的普及，取代了报纸的地位。借由电视崛起的东风，电视法治栏目也迎来了黄金发展期，据统计，截至 2000 年，全国开办法治栏目的电视台有 150 家之多。一些脍炙人口的电视法治栏目开始出现，如相继开播的早期法治栏目《警与法》和《剑与盾》，“点滴记录中国法治进程”的《今日说法》，以情景剧见长的《社会与法》，庭审直播类栏目《庭审时间》和《庭审现场》，善于真实记录的北京电视台《法治进行时》，央视的案件调查类栏目《中国法治报道》、以案说法的凤凰卫视《文涛拍案》、山东卫视《拍案惊奇》等，这些节目样式多元、手段丰富、各有侧重，人们得以通过更加直观的方式感受着司法的样貌。这些变化意味着司法的媒介形象开始被越来越多的普通人接触，党和司法部门对司法形象建设也越来越重视。

为了落实加强司法公开的承诺，司法部门开始主动寻求同新闻媒体的合作，这其中最具代表意义的事件是，“庭审直播”借助电视炭屏将庄严、神秘的司法审理现场呈现在普通电视观众的眼前。1998 年，最高人民法院与中央电视台合作，成功直播了“中国电影第一大案”的庭审现场，取得了很好的社会反响，此次直播被视为中国首次真正意义上的庭审直播。随后，庭审直播或转播，作为一种特殊的电视节目形式被很多电视台坚持播出，如北京台的《庭审时间》、南京台的《法庭传真》等节目，已经成为著名的节目品牌。这些节目一方面促进了司法公开和阳光司法的形象建设，另一方面也普及了法律知识、加强了民众的法治观念。

第六节　司法改革的深化阶段（2003—2012 年）

一、司法工作的概况

进入 21 世纪以来，司法改革和司法转型开始提速，成绩斐然：初步完善了司法机关的机构设置、职权划分和管理制度；初步健全了权责明确、相互配合、相互制约、高效运行的司法体制。具体来说，法学界普遍认为 2002 年以前的司法体制改革主要处于探索和准备阶段，具体表现为对司法资源进行更加合理的调配，对工作体制、人事制度、人员分类、内部机制等方面进行的技术性调整。而对于司法体制更为深层的、触及司法理念层面的深入改革，则出现在 2002 年以后。

其中的标志性事件是党的十六大的召开。大会报告专门对“司法体制改革”作出细致部署，这是党的重要纲领性文件中第一次对司法体制改革的战略决策进行全面阐述和工作部署。这说明，党中央已经敏锐把握到，站在新世纪的起点上，中国司法体制和工作机制改革必须实现从传统型司法体制向现代型司法体制的革命性转变，进而实现我国司法体制的现代化，建设中国特色社会主义司法制度。

2006 年 5 月，党中央下发《关于进一步加强人民法院、人民检察院工作的决定》；2009 年，中央政法委下发《关于深化司法体制和工作机制改革若干问题的意见》；与此同时，法院改革的《人民法院五年改革纲要》和检务改革的《检察工作发展规划》仍在持续编制中。这些纲领性、指导性文件共同促成了司法改革的全面推进，并使得以公安刑侦为主导的司法体制得以纠正，司法形象的传统色彩正在逐渐褪去，司法工作更加注重对日益多元的社会各方利益的调节和化解。

这一时期，司法系统更加注重司法形象建设，在司法体制改革的设计中，也主动扩大司法公开的范围，主动接受媒体舆论的监督，以期塑造一个公开、公信、公正的司法形象。2009 年，最高人民法院《关于司法公开的六项规定》发布；2012 年，《公安机关执法公开规定》发布；而以 2009 年发布的《关于人民法院接受新闻媒体舆论监督的若干规定》为代表，司法部门也开始更加开放地接受媒体和舆论的监督。

二、媒介的表现

进入 21 世纪以后，市场化媒体和互联网的快速发展与崛起，使得信息传播的速度超出人们的既有经验，这也为司法机关进行形象构建、形象管理带来了前所未有的挑战。很长一段时间内，司法机关都不太适应这种新的传播环境，旧的传播理念未能及时调整，造成了司法形象出现负面化和危机化的风险。随着党和政府、中央级司法部门对宣传工作的愈加重视，以及新闻发布制度的成熟，司法机关逐渐适应了舆论环境的改变，司法形象建设有了显著的改进。

新闻发布制度的建设是司法机关为了适应新的舆论环境，改善曾经在司法报道中失语的被动状态，同时为了掌握形象塑造的主动权，维护司法公信和权威的重要手段，是司法部门开始加强自身的传播渠道和传播能力建设的主要途径。如果说20世纪八九十年代，司法直办媒体，（如机关报、机关刊物）的纷纷创刊是司法部门获取话语权的一种尝试的话，那么进入21世纪，司法部门开始着力于构建各级的新闻发布制度，反映了其摆脱形象建设被动局面、提升议程设置能力的努力。

此外，司法部门也开始主动加强与传媒单位的合作，加强对优秀司法人物和典型司法案例的宣传和解读。相校于传统个案化的报道，人物和案件的年度评选成为一种新的宣传形式，例如每年一度的“我最喜爱的人民警察”“谁是最美基层法官”“群众最喜爱的检察官”评选，以及各类媒体推出的“年度十大刑事案件”“年度十大民事案件”等专题报道，这些尝试都可视为对司法议题具体化、形象化的转化，既是对司法工作的宣传，也反映了主流话语对司法议题的引导方向，同时彰显了各类媒体的社会责任意识。

显然，对于发生于20世纪末、至今仍在不断发展的波澜壮阔的新闻业态变迁，仅从传播渠道一个维度的考察显然远远不够。发端于20世纪90年代的新闻体制的改革在这一时期内不断深化，新闻与司法的关系开始发生了微妙的变化，从过去完全的配合、顺从、宣传、鼓动到如今的批评、监督、赞扬、建言，媒体的角色已发生令人始料未及的变化。在党媒仍然坚守自身的意识形态和主导话语的同时，越来越多的社会化、市场化媒体开始崛起，并通过与政治权力的博弈获取了越来越多的话语空间，媒体开始发出自己的声音，监督司法的意识逐渐萌发，进而影响并改变了司法生态。实际上，我们耳熟能详的有媒体深度参与的司法事件，如“孙志刚案”“躲猫猫案”“邓玉娇案”“药家鑫案”“李昌奎案”等，均发生于2002年以后。媒体作为重要的司法推动力量，其作用已经不容小觑。

第七节　司法改革的攻坚阶段（2013年至今）

一、司法工作的概况

随着党的十八大的召开，改革已经进入了深水区。与之相对应的是，经过多年的准备、酝酿、推进，司法体制改革也已经进入了攻坚阶段。2013年11月中共十八届三中全会通过的《中共中央关于全面深化改革若干重大问题的决定》提出要“推进法治中国建设”，并表示“要深化司法体制改革，加快建设公正高效权威的社会主义司法制度，维护人民权益，让人民群众在每一个司法案件中都感受到公平正义”。2014年10月党的十八届四中全会通过的《中共中央关于全面推进依法治国若干重大问题的决定》则提出了深入推进司法改革的一揽子方案，审判中心制、立案登记制、司法员额制等一系列改革先后落地。

二、媒介的表现

正所谓“开弓没有回头箭”，全面推进和深化司法体制改革，需要党和国家的持续跟进、需要各级司法机关和干警的坚决执行、需要相关配套改革的充分保障、当然也需要媒体的支持、鼓励、监督与批评，需要借由媒介的力量吸引更多的积极因素加入司法体制改革的进程中来。

这一时期，移动终端设备的普及大大改变了传统的传播环境，自媒体时代悄然到来，“人人都是记者，人人都有摄像机，人人都有麦克风”成为常态。特别是网络舆情的发展开始以一种前所未有的广度和深度影响着公众态度，而涉政法的案事件又极易诱发网络舆情，一时间令政法机关招架不及。

为了扭转这一被动局面，各级司法机关加强新媒体矩阵建设，不断提升舆情应对能力。截至2014年7月，公安、检察、司法行政、法院系统在单类专业职能政务微信账号数量排名中全部进入前十位，分别处于第一、第五、第九、第十名；微博的建设也是成绩斐然，其中不乏有着广泛影响力和关注度的司法“名博”，如卖得了萌、辟得了谣的@江宁公安在线，时常放出“猛料”的@平安北京，“粉丝”最先超千万的政法类微博@公安部打四黑除四害等。通过这些渠道，司法部门进行了发布信息、击碎谣言、积极互动、办理业务、答疑解惑等一系列活动，更重要的是，司法部门由此掌握了更多的话语主动权。

总之，进入新时代，法治建设已经进入到一个关键的时期。司法工作要适应高速发展的经济、社会向司法体制提出的新的要求，牵动着社会神经的司法体制改单成为必然的选择，显然，这场改革的深度和广度都是前所未见的。与此同时，媒体的发展也处于一个前所未有的大变局中，多媒体、互联网、移动终端，早已颠覆了过往信息传递的速度和范围；社会化、市场化、个人化媒体的崛起也早已使党报一枝独秀的局面一去不返。两者的结合推动了一个具体可感的司法形象在人民群众心目中生成，且不断影响着司法实践。

第三章　政法媒体对司法形象的再现

第一节　"政法媒体"的界定

"政法媒体"，顾名思义，就是以司法机关为主体和主导的媒介，在这里，司法部门既是司法主体，也是形象主体，更是传播主体。我们可以把此类媒介看作是司法系统的喉舌，甚至是司法部门的组成部分。相对于其他的形象再现渠道，司法部门通过政法媒体进行的传播实践强调的是，不管通过何种渠道和形式发声，都能够完全忠实地还原司法部门本身的意图，展示司法部门试图呈现的形象。

因此，也可以说，政法媒体对司法形象的再现是一种形象的"自我再现"。这种自我再现就是司法部门利用绝对受控于自身的传播媒介，并遵照符合自身利益的意图，有目的、有计划地进行形象塑造和再现的行为表现。

符合以上界定的媒介分为两种，一种是司法直办媒体，即司法机关主管主办的机关报、机关刊物，此类媒介一般集中于中央一级司法部门；另一种是各级司法部门开通的微博、微信公众号等司法自媒体，此类媒介可见于各个级别的司法部门。但不管是司法直办媒体还是司法自媒体,都有一个共同的本质特点，就是司法系统对其绝对的控制，这种控制要么来自行政的隶属关系，要么来自司法机关的直接表达。

一、司法直办媒体

一般认为，行业或组织的形象是一个被动传播的对象，需要借助大众媒体进行选择、加工和扩散。在李普曼的二级传播或多级传播理论中，传播的第一级往往是专业的新闻媒体，而形象的主体似乎永远只处于被报道或配合报道的地位。然而在我国，情况似乎有些不同，不管是哪个行业、哪个部门（需要有较高的行政级别），都非常重视通过自己的媒体发出声音。这样做的目的，一方面，是为了在系统内部统一思想、传递意图，使上级的精神和政策能够得到很好的传达与贯彻，保持政令的通畅和指挥的有效；另一方面，也是为了对外传达积极的信息，展示自身的正面形象。各种行业报纸、国家机关的机关报，就是这种表达诉求的具体体现，如农业农村部主办的《农民日报》、国家卫生健康委主办的《健康报》、前铁道部主办的《人民铁道报》等，司法系统自然也不例外。

司法部门最重要的宣传阵地当数中共中央政法委主办、司法部托管的《法治日报》，它担负了“法律职业群体和其他关心民主法治人群提供高水准的、专业的法制新闻资讯”的使命。此外，还有最高人民法院主办的《人民法院报》、最高人民检察院主办的《检察日报》和公安部主办的《人民公安报》。这些报纸的共同特点是，都是相关部门的机关报，报社都是隶属于相关部门直管，主要负责人由机关委派。此外，随着新媒体发展日益成为宣传重要阵地，各机关还推出了自己的新媒体账号。比如中央政法委就主办了“中央政法委长安剑”微信公众号、“中国长安网”微博号，第一时间发布重大信息，传递政法战线先进事迹，取得了很好的互联网传播效果。此外，各中央级司法部门一般还有自己的影视制作中心等机构。

司法机关的直办媒体一般都集中于中央一级，省级司法机关也有自己在这方面的尝试，比如河南省公安厅就曾办有《河南公安报》，浙江省委政法委办有《浙江法制报》（2022年更名为《浙江法治报》），但这些报刊的功能主要用于省内各单位的经验交流，社会传播功能较弱。而随着政法系统新媒体矩阵的发展，近10年来，政法系统各级各部门都建立了自己的新媒体账号，形成了宣传的整体效果，也在涉及舆情处置期间，第一时间发布案情说明，尽量减少谣言滋生的可能。

二、司法自媒体

自媒体概念是个舶来品，受西方研究影响，国内的自媒体研究主要集中在大众的个人自媒体上，而忽略了政府、企业、社会团体等组织的自媒体发展情况。笔者认为，自媒体是一个相对的概念：首先，它是相对于大众媒体而言的，只要不是通过专业的、专门的大众媒体经营的信息发布平台，都应该被视为一种自媒体，不管其主体是组织还是个人；同时，它还应该是相对于传统媒体而言的，传统媒体指报纸、杂志、电视、广播等，而自媒体的范围应该被限定在互联网、移动互联承载的社交平台之内，比如说网站、博客、微博、微信等。由此可见，自媒体的经营主体并不一定必须是个人，也可以是政府或政府部门，包括司法部门。

在这里，司法自媒体主要指依托于互联网平台的自媒体形式，相比属于传统媒体的司法直办媒体而言，司法自媒体传播速度更快、形式更灵活、互动程度更高，已经成为司法形象自我展示的重要途径。近些年来，由于中央级司法部门的高度重视，司法自媒体的建设取得了很大的进展，基本建立了包括公检法司，覆盖中央、省、地（市）、县四级的司法自媒体系统。

第二节　独角戏：政法媒体的司法形象再现

可以说，司法系统通过直办媒体和自媒体来再现的形象，应该就是司法系统最愿意表现的形象，那么，实际情况又是如何呢？这种忠实的再现是否能如初衷所愿？其形象再现的效果又如何呢？接下来，本书将对司法系统最重要的直办报纸《法治日报》的报道，以及几家有代表性的政法类微博的内容文本进行分析，从而勾画出直办媒体和自媒体对司法形象的媒介再现的情况。

前文中已经交代，本书将采用内容分析和话语分析两种方法相结合的形式进行研究，也就是一种量化和质化相结合的研究方法。通过内容分析，可以解决媒体报道中“说什么”的问题；而通过话语分析，则可以解决媒体报道中“怎么说”的问题。内容分析和话语分析是两种互补的研究方法，可以有效地弥补单一研究方法的先天不足，从而使研究结果更客观、更全面。

一、直办媒体的司法形象再现——以《法制日报》（2020年8月1日改名为《法治日报》）为例

（一）报道策略分析

1. 研究对象的选择和抽样方法

本书之所以选择《法治日报》作为研究对象，是因为其作为司法机关直办

媒体中的最高级别报纸，最具代表性和典型性。

《法治日报》是中共中央政法委员会机关报，日常工作委托中华人民共和国司法部管理，是中国目前唯一一家同时向国内外发行、立足法治领域的中央级法治类综合性日报，日发行量达到170万份，日阅读量达1000万人次。它的办报宗旨是：作为中国共产党和中国民主法治建设的喉舌，为法律职业群体和其他关心民主法治的人群提供高水准的、专业的法治新闻资讯，提供重要的法治思想观念，用民主法治视角观察一切。它的办报目标是：民主法治领域党和国家最重要的主流媒体，中国最大的法律资讯提供商，中国最具影响力的法律专业传媒集团。

由此可见，不管是报纸的影响力、发行量，还是其主管、主办单位的级别，都应该将《法治日报》视为司法系统直办媒体中当之无愧的第一代表，并由此成为研究对象。

本书计划采用构造周的抽样方法对《法治日报》开展研究。根据丹尼尔·里夫、斯蒂文·赖斯、弗雷德里克·菲克等人的观点，对全年的日报进行分析，2个构造周的效果最好。

本书将考察的跨度定为2014年2月1日至2015年1月31日。在选择的时间范围内，一共有52个自然周，将52个周分为前26周和后26周，并根据星期要求，随机抽取了14天组成两个构造周，具体的日期如下：2014年2月24日（周一）、2014年3月18日（周二）、2014年4月9日（周三）、2014年5月1日（周四）、2014年5月23日（周五）、2014年6月14日（周六）、2014年7月6日（周日）以及2014年8月25日（周一）、2014年9月16日（周二）、2014年10月8日（周三）、2014年10月30日（周四）、2014年11月21日（周五）、2014年12月13日（周六）、2015年1月4日（周日）。

根据以上构造周的日期，选取《法治日报》的新闻报道，其中有两个周日不发行，因此共得到12天总计107篇报道。

2. 报道策略分析

（1）正面宣传占报道的绝对多数

在107篇报道中，正面报道占71篇、中性报道33篇、负面报道仅有3篇，如图3.1所示。

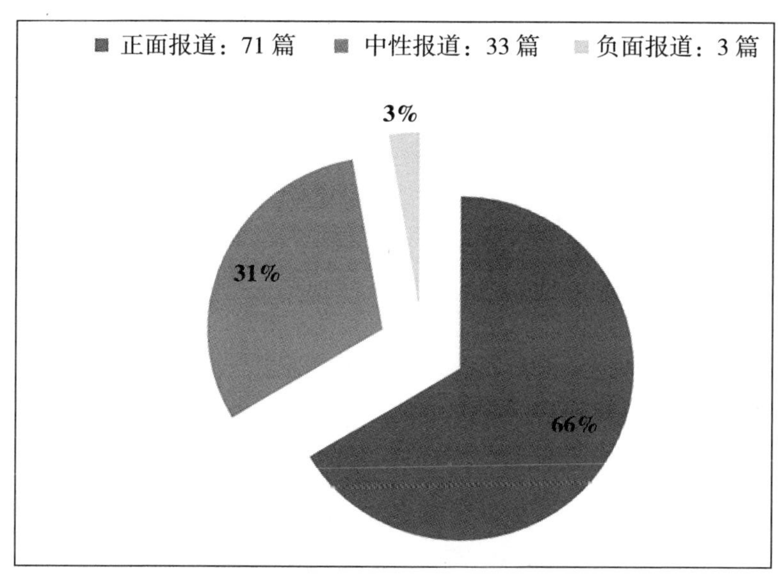

图 3.1　《法治日报》司法报道基本属性分布

正面报道和负面报道的比例，正是党的机关刊物坚持党性原则和“坚持正面报道”宗旨的体现。作为中央政法机关的“喉舌”，《法治日报》新闻报道的根本目的是宣传党和国家在依法治国、法治建设、司法体制改革等领域取得的优异成绩，塑造我们司法体系、司法机关、司法环境的良好形象。要实现这些目的和宗旨，就必须坚持正面报道为主，即使是中性报道，其话语所暗含的意味也是指向正面的。薛朝凤认为：“文本包括表层文本及内在的潜藏文本，后者依附于前者，两者是同一文本的不同解读。”[①] 因此笔者在编码时将很多对当前司法问题的客观讨论归入中性报道之中，像《“两个基本”与我国刑事诉讼的证明标准》《涉公民隐私应谨慎不宜主动公开》等报道，都是非常中立、客观、专业、就事论事的报道。但其实细读之后会发现，这些对专业法律问题的讨论，其实也暗示了司法机关不断改进工作、不断研习业务的正面形象。关于这一点，在话语分析一段中还会有更详细的分析。

正面报道的绝对优势恰恰说明了司法主体对此类报纸的绝对宰制。但问题是，由于负面报道过少，比例严重失衡，也导致了《法治日报》宣传有余、监

① 薛朝凤：《法制新闻话语叙事研究》，法律出版社 2012 年版，第 113 页。

督不足的尴尬处境。因此我们说，司法直办媒体的新闻监督功能是缺位的，长此以往，会影响到此类媒体的公信力，从而伤害其进行正面司法宣传、塑造积极司法形象的媒介功能。

（2）非案件新闻占报道的大多数

在107篇报道中，案件新闻占30篇，非案件新闻占77篇，非案件新闻报道远远大于案件新闻。如图3.2所示。

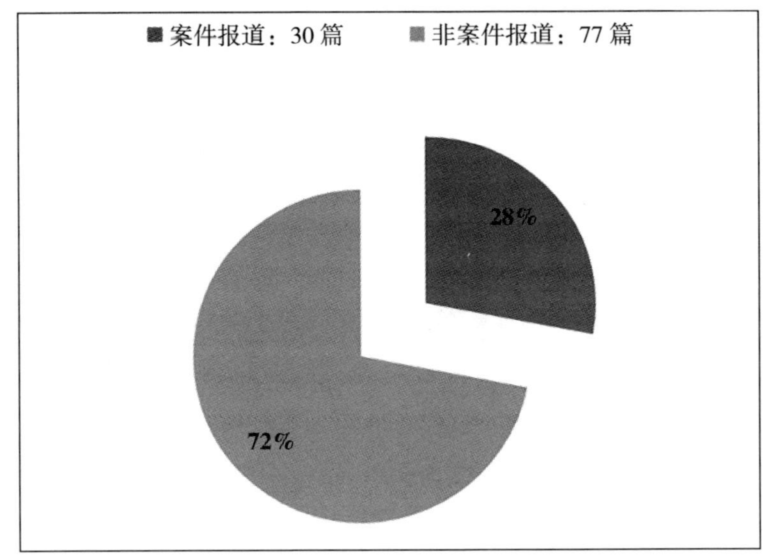

图3.2 《法治日报》司法报道中案件报道比例

一般认为，报纸只有报道案件新闻，才能够吸引更多的受众。一个好故事所需要的所有元素，比如当事人之间的冲突、故事细节、悬念、心理斗争等一个好的戏剧所必备的各种条件，一个案件的故事全都具备了。由于案件新闻的敏感性、显著性、接近性、悬疑性等特点，使其具备了相当大的新闻价值，因此被人称作新闻报道中的“富矿”。但是在《法治日报》的报道中，对案件本身的报道并不占优势，案件新闻和非案件新闻的比例严重失衡，并且通过阅读我们发现，即使是案件新闻的报道，文章也没有拘泥于对案件细节的故事化解读，而“以案说法”“以案普法”、通过案件的警示效应提醒公众规避风险、普及法律知识的目的十分明显。这说明了虽然在其办报宗旨中出现了法治新闻的“提供商”、建设有影响力“传媒集团”等字眼，但实际上，《法治日报》与市场的距离并没有那么近，它的主要功能还是需要首先满足于其政治性和党性要求，并且满足法律专业人士专业的司法信息需求。

《法治日报》的受众定位是“专业层、管理层、决策层、知识层”，其核心受众是法律职业群体，具体包括：①各级立法机关、政法机关、综治机构及其工作人员。②国家各级行政执法机构、政府法制机构及其工作人员。③律师、法律顾问、公证员及社区乡镇法律服务工作者。④企业、公司、事业单位的法务人员。⑤法学院校师生、法学研究机构研究人员。其边缘受众则包括：①党政机关领导及公务员。②工青妇等群众团体及各企事业单位管理人员。③部队官兵等。由此可见，《法治日报》的受众都具备了一定程度的法律素养，他们希望从《法治日报》得到的信息也绝不是以消遣、娱乐为主，因此大众化的案件报道显然不能满足他们的阅读期待。

总之，《法治日报》的政治属性和目标受众共同决定了其报道主要以非案件报道为主、案件报道为辅的特点，即使是案件报道，也很少在大众化、市场化媒体中对案件本身过度解读，而是希望通过案件传递法律知识和司法主张。

（3）案件报道的情况

在所有 30 篇案件新闻所报道的 36 件案件中，刑事案件有 27 件之多，刑事附带民事案件 6 件，民事案件 3 件。36 件案件都属于事后报道，没有事中报道。有 35 件案件采用了正面的报道，只有 1 件属于负面报道。如图 3.3 所示。

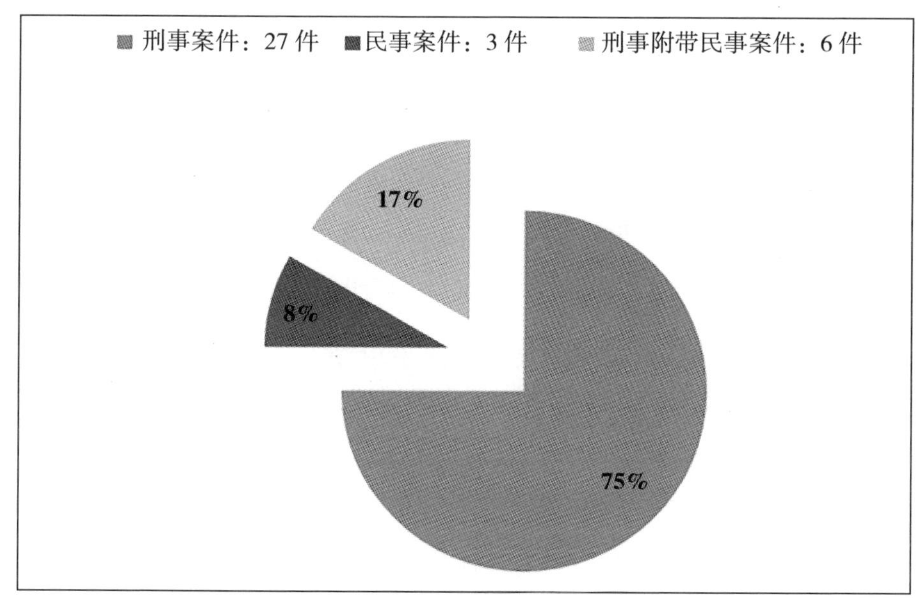

图 3.3 《法治日报》案件报道基本情况

刑事案件报道多，突出了司法部门打击犯罪的正义形象。打击犯罪是司法机关的根本任务，也是司法形象塑造的基本诉求，从中华人民共和国成立初期，我国司法系统的媒介再现中就开始突出这种形象，作为中央级政法机关报，对司法打击犯罪的形象进行彰显当然无可厚非。但是问题在于，随着改革开放的不断深入和社会主义市场经济的根本确立，《法治日报》的司法形象再现是有着很大的一块缺失的，那就是司法部门对经济建设保驾护航、对市场经营主体的利益保护、对市场经济法治建设的不断完善缺乏报道。这方面形象再现的缺失说明了报纸办报的传统性，尚不能敏锐地把握到社会发展的热点和着力点。

所有的案件均采取事后报道，主要跟《法治日报》作为直办媒体的属性有关。事后报道无疑是最能够掌握宣传主动的一种报道方式，案件信息在司法系统内部传递时，司法部门对信息往往采取一种封闭的方式，这既是案件侦办的法律规范所决定的，同时也符合司法机关维护部门利益的需求。于是，直办媒体总是选择对已经侦办、审结完成的案件进行报道，其报道的立场自然也是正面的，其目的都是为塑造正面形象服务的。

（4）非案件报道中的宏观议题

选择什么样的议题，往往决定了形象塑造的诉求，是考察媒介如何再现司法形象的重要依据。通过对报道的分析进行类目构建，发现在司法形象再现的过程中，《法治日报》主要涉及了以下议题：重要会议和领导讲话、重大法治议题、专业的法律问题讨论、重大举措的推出、制度建设和完善、先进人物和先进事迹，成绩和成果展示等。具体数量和占比如表 3.1 所示。

表 3.1 《法治日报》非案件报道宏观议题统计

主要议题	统计	
	篇数（单位：篇）	占比
重要会议和领导讲话	20	21.7%
重大法治议题	10	10.9%
专业的法律问题讨论	12	13%

续表

主要议题	统计	
	篇数（单位：篇）	占比
重大举措的推出	11	12%
制度建设和完善	15	16.3%
先进人物和先进事迹	11	12%
成绩和成果展示	13	14.1%

对重要会议和领导讲话的报道，是《法治日报》宣传使命的必然要求，也是报纸的办报特色，体现了其“喉舌”的角色定位以及坚定的政治性和党性。这些会议和讲话全部被安排在第一版刊发，突出其重要地位，这些会议和讲话的议题主要集中在依法治国、依法执法、司法改革等核心议题，是指导我国司法建设和司法实践的重要部署，有着极为特殊的重要作用。

近些年来，重大的司法举措的推出、司法制度的不断完善成为司法部门的核心议题，自然也会被直办媒体忠实反映出来。这些议题表现出了司法部门不断完善工作、不断锐意进取的正面形象。

而对于先进人物和先进事迹的报道更是直办媒体的重要职责。但是由于先进人物和先进事迹的宣传、报道往往呈现出短期化、阶段性的特点，不可能做到长期化、常态化，那么采取随机抽样的方式就很难能够保证顾及此类议题。但即便如此，我们看到，此类报道所占比例依然不低。应该明确的是，对先进人物、先进事迹进行宣传和报道是直办媒体最重要的议题之一，对司法形象本身的塑造有着十分重大的意义。

（5）信源统计

新闻信源一直以来都是新闻传播领域被重点讨论的话题，信源对信息权威性、可信度的影响毋庸置疑。官方信源无疑是最具可信度的新闻信源之一，但是新闻专业主义的观点认为，光有官方信源显然是不够的，需要有其对立方的信源补充，最好双方可以达到某种形式的均衡。而《法治日报》在一定程度上没有通过信源的多元化来体现办报者对新闻专业主义的理解，对于一份中央级大报、最权威的司法类报纸而言，官方信源必须要做到一直在场、不可缺席，并且其所占的比例也是压倒性的，这在我们的统计中得到了体现。如表3.2所示。

表 3.2 《法治日报》司法报道的信源统计

信源构成	统计	
	篇数（单位：篇）	占比
官方	49	45.9%
官方＋专家（学者）	33	30.8%
官方＋当事人（代理律师）	10	9.3%
官方＋当事人（代理律师）＋专家（学者）	3	2.8%
官方＋当事人（代理律师）＋专家（学者）＋公众（网友）	1	0.9%
专家（学者）	11	10.3%

在严重依赖官方信源的报道模式下，报道保证了经组织内部酝酿过的意见、观点、态度可以清晰、无误、忠实、完整地传达给社会公众，对司法形象的塑造也可以按照有关部门最直接的期望进行。对于《法治日报》等直办媒体而言，其权威性正是来自对官方信源的忠实传达，而不是像其他社会化、市场化媒体那样需要通过对官方的监督和批评来提升自身的公信与权威。

应该看到的是，用内容分析的方法对新闻信源进行统计，只能解决“谁在说”的问题，即使有多方出场，也不能说明新闻报道就一定中立客观、没有倾向性，因为其中还存在着信源“说什么”的问题。使用话语分析的方法可以弥补内容分析的不足，这一点将在下文中展开。

（6）被再现的司法形象

被《法治日报》再现的司法形象当然是以正面为主，但是不同文本下蕴藏了对具体司法形象的诉求和定位，这些具体的司法形象包括：改进工作形象、阳光透明形象、公平公正形象、打击犯罪形象、服务群众形象、高效形象、廉洁形象、维护权益形象等，较多的类目也反映出司法形象诉求的多元化。如表 3.3 所示。

表 3.3 《法治日报》所再现的司法形象

形象再现	统计	
	篇数（单位：篇）	占比
改进工作形象	29	20.4%
阳光透明形象	16	11.3%
公平公正形象	12	8.5%
打击犯罪形象	20	14.1%
服务群众形象	19	13.4%
高效形象	11	7.7%
廉洁形象	8	5.6%
维护权益形象	17	12%
其他形象	10	7%

改进工作形象占比最多，说明了当前司法改革正在发力，过去阻碍司法进步和发展的体制性障碍正在一步步清除。大量地表达改进工作的司法形象，也可以在一定程度上消除和减少人民群众对司法工作的某些不满和意见。

需要说明的是，类目“其他”中所指的形象，主要是指政法干警的平日工作辛苦、压力大、疲惫，以及无私奉献等形象，如《缓解法官工作压力要靠制度保证》《信仰法治是政法干警本质追求》等报道。也从侧面展现了司法工作者恪尽职守、任劳任怨、舍小家为大家的正面形象。

另外，各类目的篇幅相加可能会超过总的样本数，原因是同一篇报道中所再现的司法形象可能有多种，这也再次说明了形象诉求的多元化和多样性。

3. 话语策略分析

使用内容分析的方法可以使媒介内容的整体样貌得以数字化的呈现，是分析媒介的议题选择、报道立场、关注焦点等宏观层面的适用途径。但是，内容分析的问题是将具备社会话语功能的新闻报道从社会实际中抽离出来，没有关注新闻话语之中蕴含的意义诠释和意识形态诉求，从而使对新闻文本的研究脱离了历史、社会、现实，以及背后的权力运作，使研究流于表面。

较之于内容分析的研究视角，以及运用数字和频率来分析传播现象的研究方法，话语分析“更倾向于人文视角，将一切传播活动归结为符号（语言）问题，用符号和语言的视角透视传播现象，探索传播现象的精神内涵”。内容分析和解决了新闻“说什么”的问题，而话语分析则是在研究新闻“怎么说”的问题,结合着我们的研究主题——“形象媒介再现”,内容分析发现了新闻“建构什么形象”，话语分析则更关注新闻“如何建构形象”。

新闻文本通过话语的方式将形象再现给受众。话语是人类交流所使用的必然中介，它并不是一面平面镜，可以完整映射出世界和社会的本来面貌。话语分析理论告诉我们，由于话语的使用者不同，话语的组织方式也不尽相同，不同的话语表达方式代表了不同的意识形态诉求，代表着对客观世界不同的观察、理解，以及不同的世界观和价值观。尤其是对于新闻话语，我们现在已经知道，新闻生产的背后呈现出各种权力和利益的复杂交织，是意识形态争夺的主阵地。因此，新闻话语作为意识形态栖身的介质早已没有争议。那么，新闻话语又是如何将意识形态传递给广大受众并对其产生影响的呢？一般来说，有两种途径，一是直接地告知，二是通过巧妙的叙事方式和报道框架。前者是一种硬性的说教，产生影响的方式是不断地、高频地重复；后者则是一种软性的潜移默化式的熏陶，通过特定的框架把所要诠释的意义以一种受众无法体察的方式进行传递。

这种蕴藏于无形的“浸润”式话语表达，采用的是一种重要的修辞方法——“隐喻”——这也是话语分析理论中一项重要的意义构建维度。通过对新闻文本的阅读，人们对某一事物的意义得以在头脑中构建，“隐喻”的功能得以完成。形象塑造是意识形态诉求的主要目的，一般来讲，形象并不会直接被告知，而是需要通过潜藏于文本之中的各种修辞和暗示，经由受众对意义符号的解码，从而加以确认。而这一过程与“隐喻”的完成高度重叠,因此从某种意义上讲,“隐喻”就是实现形象再现的手段和途径。

结合梵·迪克的话语分析理论，笔者将收集整理的新闻文本根据不同的“话语维度”进行重构，这些“话语维度”包括了意识形态诉求、文本结构、议题设置策略、隐喻（形象再现）、信源、指导原则、报道视角、微观的话语特点，以及范例和警句等。通过解构和重新建构，新闻文本背后来自政治、经济、社会的各种推力得以显现。这种方法符合话语分析的本义。话语分析的两个主要方向，一是对话语本身的结构及运用规则进行研究，如一般意义上的修辞分析等；二是对话语运用的社会、文化、政治关联进行研究，其关键词是话语、意识形态和权力。此种话语分析方式也为后续对媒介再现的场域分析提供了方便。

此外，样本的选择至关重要。为了尽量使话语分析和内容分析的比较研究更具说服力，对相同样本进行不同视角的审视显然是最理想的方式。但是，通过构造周进行抽样得到的样本有一个很大的弊端，就是虽然能够很好保证对日常报道的抽取，但却很难兼顾到“焦点事件”的报道。所谓焦点事件，就是指那些有着广泛社会影响力和关注度，对司法形象会造成极大影响的事件，这种影响或好或坏，但由于刺激性更强，其效果可能比日常报道的“潜移默化”大得多。在“焦点事件”的报道上，新闻内容的提供者会对其产生高度的关注，随之而来的是各种话语的争夺，为获得“意义解释权”，在不同媒介中扮演决定性角色的权力主体可能会充分利用自己的话语霸权，令主体话语得以放大和凸显，这些文本对致力于寻找话语同背后权力之间关联的话语分析而言更显得典型和有价值。因此，本书在保留了107篇构造周新闻文本的同时，选取了研究时段内发生的焦点事件的司法新闻，这些新闻议题包括党的十八届四中全会召开、内蒙古呼格吉勒图案等焦点事件。这种选择方式以日常报道为主，兼顾了焦点事件报道，在最大限度保证与内容分析采用相同语料的同时，也照顾到了话语分析所需要的典型语料。

通过对收集到的《法治日报》相关报道进行详细阅读和反复比对，笔者总结出了由多个话语维度所构成的司法形象再现的主要框架。这一框架明确了直办媒体的新闻从业者在实际工作中所要遵循的操作标准和基本框架。由于直办媒体重视传达司法系统的意图和声音，司法场域在新闻生产中占据绝对的控制，因此，将这一基本框架称为“司法主导框架”。如表3.4所示。

表 3.4　司法主导框架下司法形象再现的话语维度

类目	直办媒体——《法治日报》
意识形态诉求	强调党的领导地位和司法在社会发展中的主导作用
结构框架	在党的领导下，依宪依法行使权力，维护社会大局稳定、促进社会公平正义、保障人民安居乐业
隐喻（形象再现）	公平正义、与时俱进、阳光透明、廉洁高效
议题设置	按照党的工作部署和司法改革重点设置议题，较少回应社会热点和公共议题
主要信源	司法高层、政法干警、法律专家
主要原则	党性原则
媒体立场	司法主体的扩音器，司法高层的传声筒
报道视角	记者全知视角 + 司法机关、政法干警视角
典型报道	张飚、宋鱼水、邹碧华、中央政法工作会议、打击犯罪、维护权益、司法公开等
典型话语	“要深入学习贯彻党的十八届四中全会和习近平总书记重要讲话精神，积极主动、扎扎实实做好每一项司法体制改革任务的落实”“坚持严格执法、公正司法，为推进平安中国、法治中国建设作出新的更大贡献”“为实现中华民族伟大复兴的‘中国梦’提供有力司法保障”“正义有时会迟到，但绝不会缺席”等

由表 3.4 可见，司法主导框架下的新闻话语实践，其意识形态诉求首先是强调党对司法的领导地位，以及司法在社会发展进步中所扮演的极为重要、不可替代、基础性和主导性的作用。作为政法机关报的事业单位属性，党性原则是《法治日报》等直办媒体必须遵循的根本原则，报纸仅仅作为司法部门的传声筒和扩音器，高度忠实地还原着司法部门的意图和话语。社会力量和经济力量无法像渗透其他社会化媒体一样对其施加过度影响，具体表现为媒介的议程设置完全按照部门意志和领导意志进行，对社会议题回应极少，更多的时候表现出一种“唱独角戏”和“自说自话”的状态。于是，一个正面的——公平、公开、公正、亲民、高效、廉洁的司法形象得以再现。要更深刻地认识到这种再现的方式和手段，则需要从话语策略的角度对文本做更细致的剖析。作为话语分析最重要的两个维度，把握文本结构和分析信源的运用是本书的切入点。

文本结构在新闻话语中扮演着非常关键的角色，是整个新闻文本结构及意识形态倾向得以构建、存在和延续的基础和重要决定性因素之一。对于新闻报道的话语分析往往多从文本结构入手。

而新闻信源的重要性不言而喻。大众传媒控制着文本中的信源、人物、隐喻，并引导读者怀着事先设定的世界观和价值观来阅读。“客观性”是新闻报道最基本的要求，而新闻专业主义则是现代新闻业所追求的操作规范和职业理想，这些理念都要求新闻报道中应该有分属于不同利益群体的信源代表行使表达权。但是，新闻记者之所以被称为“无冕之王”，是因为他们有着通过信源选择从而进行意义建构的权利，他们可以让各方利益代表悉数出场，做出公正客观的“假象”，但是价值倾向和进行说服的秘密则正隐藏在说话人的话语之中。这就是为什么在内容分析之后我们依然有必要对信源再做一次话语解读的原因，内容分析的弊端正是在于它只能解决“谁在说”的问题，却无法告诉大家他们是“怎么说”的以及都“说了些什么”。

（1）文本结构强调党领导下的司法工作对社会稳定、经济繁荣、人民福祉的保障

新闻报道的文本结构存在着总—分、总—分—总、并列等关系，其组织各个层次的逻辑是关联性（或称重要性）原则、时序性原则和无序的组装原则。

关联性原则，是指新闻工作者生成话语时，按照与话题相关程度的不同对话语进行不同程度的凸显，最相关的话语得到最好的凸显。一般来说，相关的信息就是重要的信息，因而相关性原则又被称为重要性原则。

时序性原则，是指新闻工作者按照话语所反映时间的先后来安排新闻话语材料，虽然不一定是按照最新的内容安排在最前面。时序性原则也非常强调话语按照时间概念的排列，并且这种排列是有序的，叙事则必须连续。

无序组装原则，是指新闻各材料、各范畴在文中所处的位置具有一定的灵活性，可以像积木一样进行不同的组合，形成具有或大或小差异性的不同形象。

关联性原则是最常见的新闻话语结构原则，具体表现为一种“总—分”或者“总—分—总”的文章结构，新闻中最基本最常用的“倒金字塔”写法就是关联性原则和“总—分”结构的代表。一般而言，新闻文本由“标题 + 导语 + 正文”所构成，其中标题和导语都是对正文和要义的概括，属于显性的意义表达，

具有非常重要的作用，符合“最相关话语得到最好的凸显”的原则。而正文中的“倒金字塔”结构依然遵循了这样一种排列逻辑，最重要的信息置于正文的前部，处于一种总领全文的地位，之后的内容则是新闻事实的罗列，并按照相关性的高低来安排出现的先后。这种“倒金字塔”结构与信息传播和接受的特点有关，一方面，观众可以第一眼掌握文章主旨，便于自由把握阅读进程和对冗余信息的取舍，这一点对于信息爆炸环境下，“浏览”成为新闻阅读主要方式的今天尤为重要；另一方面，则是出于编辑出版的需要，编辑可以根据篇幅和版面的要求对文章进行由后向前的删减，而不至于影响报道的核心内容和重要信息。

直办媒体的司法新闻中，文本结构下对“党和司法的重要地位及作用”的强调依托“倒金字塔”的话语结构得以实现，以“党—司法”为主语的宏观的、总领式的表达作为最具相关性的信息得以凸显，并作为文本结构的最高层级得以固定，此后，所有次级结构中的话语叙述都是在最高层级的统摄下完成的。这样的安排暗示了“党和司法”在司法实践中的主导地位。

下面，以通讯《西安市公安局推出便民利民 6 类 30 项举措》为例进行分析。

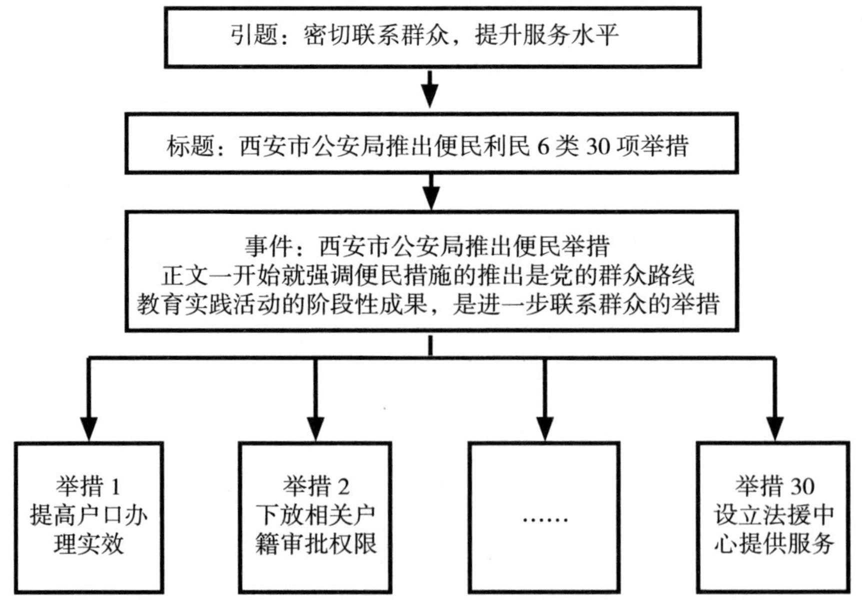

图 3.4 《西安市公安局推出便民利民 6 类 30 项举措》文本结构图

在这篇通讯中，形象再现的话语策略非常明显，那就是最重要的信息不是公安局推出了具体哪些便民措施，而是推出便民措施这一行为本身。本书对司法形象的诉求显然是“改进工作、方便为民”，文章的引题已经很直白地明确了这一点：

引题：密切联系群众　提升服务水平

而在文章的一开头再次进行了确认：

第一段：为认真落实公安部《公安机关十六项便民利民举措》，积极回应人民群众新期待新要求，陕西省西安市公安局党委在党的群众路线教育实践活动整改阶段，深化 2013 年推出的便民利民 6 类 25 项举措，再次出台改进作风，深化便民利民 6 类 30 项举措，进一步提升服务水平，密切联系群众，努力打造更加为民务实的公安机关。

倒金字塔结构要求将最重要的信息放在文章的开头。该报道中，这一做法也暗示了公安机关作为事件主体所起到的最重要的作用，其“为人民服务”的形象已经跃然纸上。在随后的阅读中，读者每读到一条具体举措，就会与“便民服务”的形象发生一次联系，而文章将 30 条便民举措一一列举，显然很难有读者有耐心全部读完所有的举措。倒金字塔结构保证了“为人民服务”的形象诉求得以及时传达。

类似的例子还有很多，如《十八大后近 40 部司法解释传递法治温度》一文。

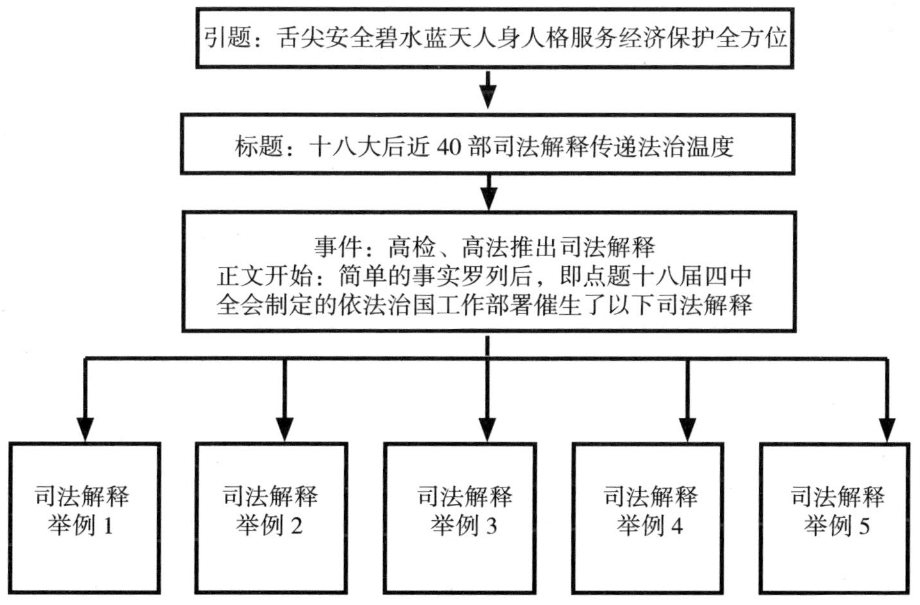

图 3.5 《十八大后近 40 部司法解释传递法治温度》文本结构图

这篇通讯虽然相比前一篇中单一的形象诉求要多样得多，但是所使用的话语策略却是一样的。在新闻标题中，“党—司法”的主体就已出场，“十八大后”的表述不仅突出了党的地位，更是强调了党对司法工作的领导与指导，“司法解释”的主体是最高人民法院或最高人民检察院，通过“传递温度”表达了其正面形象的诉求。

文章开头首先列举了一些重要的司法解释条目。小小的变通不影响主要信息及时快速地展开，信息的罗列除了传递信息本身之外，更是对主题的印证，强调了党的领导，展示了多元的司法形象。随后，随着正文的开始，作者立即点题：

> 刚刚闭幕的党的十八届四中全会明确提出全面推进依法治国的总目标和重大任务，为中国建设法治国家描绘出新的路线图。在依法治国的征程上，司法解释将发挥重要作用。

这与新闻标题形成了呼应，“党领导、司法执行”成了司法解释出台的根本动因，“党—司法”的基本诉求再次被强化，后文作为这种诉求的具体内容始终没有跳出主题框架。通过对《法治日报》的大量阅读，可以发现这种“倒金字塔结构”被广泛地使用于相关的新闻报道，这使得司法形象的再现效果得以及时传达和强化。

在其他文本结构中，不管是单一叙事线索的时序性结构，或是灵活组合的无限组装结构，强调“党—司法”或“司法”主体地位的文本结构也依然发挥着重要作用。

（2）消息源为文本结构服务，不同消息来源共同的正面倾向是司法形象正面再现的主要特点

直办媒体的新闻规范不来自新闻专业主义，而来自其党性原则。于是我们在对《法治日报》新闻有关信源的内容分析时，发现官方的话语占据了压倒性的优势，再加上一些法律专家的解释，构成了“政法干警＋法律专家”为主体的司法精英所主导的话语霸权。由于大部分报道的话题都比较宏观，无论从信息的权威程度上，还是从诠释的专业程度上看，官方和精英的话语都是最适合

被引述的，而其他层次的话语表述人出场概率则小得多，对立的观点在党性原则的坚守下更加没有出现的可能。

那么相比而言，少数引用来自社会团体、普通公众、案件当事人或辩护人观点（暂称之为直办媒体中的弱势信源）的新闻报道就更具研究价值。通过话语分析，笔者发现这些区别于官方的弱势话语虽然得到了传达机会，但其所起到的作用则是为了加强和巩固官方和精英的主流话语。具体来说，弱势信源一是被用来对既有观点进行“佐证”和“支撑”，二是被用来对司法主体及其行为进行“称赞”和“肯定”。

此外，经过对《法治日报》所选报道的阅读，并同其他媒体的报道进行比较，可以发现，非官方的信源在直办媒体的信源层级中地位非常低。记者往往采用一种全知的视角进行报道，像“上帝”一样自由安排文章的结构，对非官方信源的引用只是为了对记者的叙事进行加强和佐证。没有文章以群众、当事人的叙述作为构建报道的主线或主导因素，也就是说，此类弱势信源没有推进故事发展的功能，在整个新闻叙事中处于可有可无的地位，把这些信源抽出，叙事的完整性不会受到任何影响。这恰恰说明了非官方、非精英信源在司法形象的自我再现中，处于一种从属的、为强势信源服务的地位。

（3）补充：框架转换——负面事件的正面报道以及中性报道中对正面形象的暗示

近年来，随着新闻体制改革的深入、资讯传播的发达，破坏司法形象的负面事件屡屡见诸各类媒体。但是通过对《法治日报》的研究发现，负面新闻几乎绝迹，但这并不意味着负面的司法议题完全不能进入到此类直办媒体的话题设置中，而是负面新闻被从正面的视角进行了积极的解读，通过正面的包装再现到公众眼前。具体来说，对负面事件的报道往往通过报道视角和责任主体的置换而转换为正面的宣传框架。

2014 年临近年底，内蒙古呼格吉勒图案的再审成为各大媒体争相报道的焦点，引起全社会的广泛关注。媒体的报道主要聚焦的议题有：呼格吉勒图这个富有责任心的少年当年是如何从一个“报案者”变成了“作案者”；呼格被冤杀后，多年来呼格父母及亲人的遭遇；案件重审改判的情况，以及案子翻案但蒙冤者无法复生的无奈与凄凉。这些议题进而引发了社会对司法机关、办案程序、司法制度等方面的质疑和讨论。但不同于主流的社会议题和报道框架，司法场域中直办媒体尽量从正面的、积极的意义上对该案件进行了关注和报道。

在截至2015年1月20日《法制日报》的报道里，关于呼格吉勒图案的相关报道、评论共有15条，题目分别是：

1.《十大法治新闻》
2.《年度影响力诉讼》
3.《“呼格案百万精神抚慰金不算多”》
4.《“呼格案”嫌疑“真凶”受审》
5.《2014中国法治建设步入新常态》
6.《十大关键词见证2014政法工作改革创新》
7.《政法机关恪守职业良知打造过硬队伍》
8.《纠错，让司法赢得更多公信力》
9.《呼格吉勒图案件中的悲剧感》
10.《内蒙古高院宣判呼格吉勒图无罪》
11.《呼格案改判是对法治尊严的维护》
12.《冤案平反之司法公正》
13.《检察官自纠错案是司法理念回归》
14.《内蒙古高院决定再审呼格吉勒图案》
15.《看待冤案与严打需要历史眼光》

在全部15篇报道中，有3篇是对案件的消息型报道，是对再审进程的客观传达。另外12篇报道中，只有1篇报道发出了需要对冤假错案进行反思，对办案人以及平反过程中造成过分延宕的责任人进行追责的声音；其余11篇都是对呼格案改判的正面解读，其中有7篇报道光是在标题中就已经可以明确感受到报道的倾向。原本负面报道框架中的批评、自省等主题，转变为正面报道框架的法治进步、司法公正、司法公信等主题。例如发表于2015年1月的关于年度十大法治新闻的报道中，呼格案与另一起性质相似的案件被提及，原文是这样报道的：

司法机关坚持依法纠错 徐辉呼格等被改判无罪

坚持疑罪从无 主动纠错不待真凶再现亡者归来

2014年，全国司法机关继续加大纠正错案力度。9月15日，广东省珠海市中级人民法院以原审事实不清、证据不足为由对已服刑近16年的被告人徐辉故意杀人、强奸案再审宣判，宣告徐辉无罪，当场释放。早在2001年，广东省珠海市中级人民法院以被告人徐辉犯故意杀人罪、强奸罪，数罪并罚，判处其死刑，缓期二年执行；2011年，广东省高级人民法院撤销原判，发回珠海市中级人民法院重新审理。

2014年12月15日，内蒙古自治区高级人民法院对呼格吉勒图故意杀人、流氓罪一案作出再审判决。内蒙古自治区高级人民法院认为，原审认定呼格吉勒图犯故意杀人罪、流氓罪的事实不清，证据不足，对申诉人请求予以支持，对辩护人辩护意见和检察机关意见予以采纳，判决呼格吉勒图无罪。

点评

徐辉、呼格吉勒图分别被法院宣判无罪，成为2014年司法机关纠正错案的典型案件。一件件错案得以纠正，得益于司法机关对司法理念的坚持和维护公平正义的努力，是司法机关肩扛公正天平、手持正义之剑，落实习近平总书记“努力让人民群众在每一个司法案件中都能感受到公平正义”重要指示精神，践行依法治国方略的生动实践。疑罪从无、非法证据排除、禁止刑讯逼供、有错必纠，彰显了司法理性回归。正义有时会迟到，但绝不会缺席。徐辉案未见真凶，“呼格案”也纠正于真凶确认之前。透过两起典型案件，人们看到了司法机关敢于主动纠错的勇气和对法律的担当、对真相的执着。纠错，不再需要“亡者归来”“真凶再现”；纠错，正在依法进行。

在这篇报道中，我们看到新闻报道的视角由社会化媒体对案件的平视，转变成了一种宏观的、俯视的观察和总结，报道的主角也不再是社会化媒体对焦的被冤杀的呼格、痛失爱子的呼格父母、办错案的办案人员和办案机关，而变成了纠正错案的内蒙古高法，甚至是更为抽象的整体意义上的司法体系。报道不关注案件的细枝末节，以及相关人物的个人命运，于是案件本身成为“配角”，被弱化为报道的“前因”或“背景”。司法机关落实中央精神、维护公平正义成为报道的主题，于是，其他媒体对冤案报道使用的典型的“冤案—批评”“冤案—追责”框架成功转化为“冤案—纠错—进步”框架，对“报道视角 + 事件主体 + 报道主题”的替换保证了这种转化的自然和平顺。

此外，直办媒体的中性报道也非常具有自身的特点，那就是对正面司法形象的隐喻和暗示。

在《法制日报》的中性报道中，对法律问题的讨论占据了较大的比例。比如《死刑判决——理应慎之又慎》和《应判死刑未判的检察院坚决抗诉》两篇有对比性的报道，一篇是讨论审判机关应该“慎杀”的问题，另一篇则是讨论公诉机关不应纵容“漏杀”的问题。两篇报道都是对司法问题进行形而上的讨论，是一种客观、严肃的法理分析，但细读之后，人们会隐约感受到报道对司法形象的正面暗示——前者隐喻了审判机关尊重生命、尊重法律、尊重证据的办案形象，后者则隐喻了公诉机关维护正义、铁面无私的公正形象。其实，对法律问题的讨论本身也暗示了司法部门不断改进工作、不断研习业务的敬业形象。

对政法干警形象的中性报道也是如此。党报对典型人物的报道，给人们一般的印象是，完全正面的刻画和毫不掩饰的赞美，而这种宣传方式随着时代的变化效果正在下降。而在一些中性报道中，司法直办媒体的记者们自觉或不自觉地将问题的讨论引向对干警的正面形象塑造上，使读者在不知不觉中接受了这样一种形象。比如《法制日报》2014 年 3 月 18 日的报道：

时间都去哪儿了——白天开 6 个庭晚上写裁判文书

缓解法官工作压力要靠职保制度

◆ 2013 年，朝阳法院收结案双破 6 万件，一线法官人均结案 253 件，民商事一线法官人均结案达 292 件。

◆全国法官年人均结案 60 件，北京法官则为 160.2 件，是全国平均水平的 2.7 倍。

◆ 2008 年北京法院年收案首破 40 万件，此后每年维持在 40 万件以上，并呈平稳增长态势。

时间都去哪儿了？白天分成两半，上午开3个庭，下午开3个庭；晚上加班写判决。一年250多个工作日，法官李方差不多都是这样过来的。

李方是北京市朝阳区人民法院民二庭一名普通法官，425件是她2013年个人审结案件数。作为合议庭审判长，她还负责其他法官承办的普通程序案件主持庭审、组织合议和文书审核工作。

“一线法官常年加班加点，长期处于超负荷状态，审判工作压力越来越大。”朝阳法院副院长亓纪今天接受《法制日报》记者采访时表示，案多人少难题亟待解决。

充电是件奢侈事

朝阳法院王四营法庭副庭长李永一，2007年毕业于中国政法大学，法学硕士，在朝阳法院工作7年间，和他同年进法院的同事已经有几人陆续跳槽了。李永一自嘲是最忙碌的基层“公务员”。忙、累、工作压力大、生活压力大，是他们这批年轻法官无法避免的现实困境。

李方是名年轻妈妈，孩子出生没多久，她狠下心，将孩子扔给了远在重庆老家的父母照看。接回北京后，孩子有很长一段时间都不认她，李方总觉得自己对家庭、对孩子有很多愧疚。

“可是没办法，工作太忙了。今年刚过两个月，手里的未结案就有110件了。周六、周日都加班，不然，案子就很难办完。”李方说。

“根本没有时间静下心来学习，学习培训是件奢侈事。”李永一的这种感觉，李方也有。5年前，李方过关斩将，通过司法考试、北京市公务员考试、北京市高级人民法院组织的考试，终于成为一名真正的法官，没多久她就发现，现实中的法官与自己走出校园时的美好憧憬落差越来越大。

李方所在的民二庭从2001年开始就一直实行固定合议庭制，1个合议庭由1名审判长、2名审判员、3名书记员组成。2011年，由于案由变更，原先的借款纠纷、以个人为主体的买卖等合同纠纷均划归民二庭审理，收案量翻了一番。2013年，全庭案件数超过8000件。

“一般是早上9点开第一个庭，如果庭审中听当事人慢条斯理地把所有话说完，那么，10点那个庭的当事人就都得等着。”对此，李方颇为无奈。她憧憬着，什么时候手头没有这么多案件，能保证上下午各开一个庭，这样法官对涉案法律问题及双方当事人争议焦点等都能考虑得更周全，也更有时间耐心地听完当事人的倾诉，使当事人对法院工作更满意些。

辅助人员缺口大

记者发现，经济发达地区基层法院，法官不能正常安排年休假，法官身体、教育培训及案件质量或多或少受到影响，高强度的工作压力目前并无缓解迹象。

"鸭梨（网络用语，指压力）山大啊!"今年刚进入北京一法院的小王，一个月工资仅有3000 余元，只租得起地下室。级别低、晋升空间小、待遇低，工作繁忙、同时面临着较大的工作压力和生活负担，让这些法学院毕业的佼佼者们喘不过气来。而随着新媒体的普及，网友参与公共事务、表达自身意愿和批评监督的意识不断增强，法官工作面临着更加严峻的挑战。

相比 10 年前，案件类型以及复杂程度变化巨大。李永一所在的派出法庭受理的案件就涵盖涉外、人格权、拆迁、群租、建设工程、仓储物流等多方面。据统计，朝阳法院审理的案件中，新类型疑难复杂案件占比达五分之一。

案多人少问题多年来一直未得到有效缓解。在亓纪看来，目前，尚未建立针对各地区实际情况、科学合理确定法官员额制度是症结所在。根本缓解案多人少矛盾，亟待建立法官职业保障制度。

据了解，从 2005 年案件数突破 5 万件后，朝阳区人民法院案件量一直处于高增长态势，但法官编制始终没有太大改变。

"司法资源配置不均也是其中一个原因。"亓纪说，2013 年，朝阳区人民法院一线法官人均结案 253 件，也就是说，一年 252 天工作日，一天要结掉一个多案子。司法审判是一个适用法律的过程，相当复杂，需要很高的专业技术和法律智慧。如果审判压力持续如此之大，就会对干警的身心健康造成负面影响，甚至影响司法公正。

亓纪认为，导致案多人少的一个重要原因，是法院司法辅助人员缺口大，往往难以保证 1 名审判员配备 1 名书记员的配置，两名法官共用 1 名书记员是常态。这就造成原本可以由司法辅助人员完成的调查等事项，都需要法官亲力亲为，更加剧了案多人少矛盾。

“如何实现法官减负，聘任制书记员、聘任制法警等司法辅助人员分类管理机制，一定要建立并完善起来。”亓纪表示。

这篇报道是在讨论因“案多人少”、编制不足造成的政法干警压力过大、长期处于超负荷工作的状态，呼吁通过制度的完善加以缓解。客观地说，上文是一篇就司法实践中的实际问题而展开的就事论事的采访报道，没有明显的倾向性。不过我们通过阅读发现，记者选取的事实和所使用的词汇、话语都具有明显的倾向，不管是“舍小家为大家”的例子，还是“白天开6个庭，晚上写司法文书”的表述，以及“忙”“累”“压力大”等词语的使用，都在暗示政法干警的艰辛与不易，隐喻着政法干警司法为民、恪尽职守、任劳任怨的无私形象。通过巧妙的叙事策略和话语策略，中性的报道框架一定程度上转化为正面的宣传框架。

二、政法自媒体的司法形象再现——以三家政法类微博为例

微博、微信等政法自媒体是各级司法机关非常重要的发声渠道，其传播模式与直办媒体有着根本性的区别。直办媒体集中于中央一级，代表政法系统发出宏观性的声音，其议程设置更加超然于普通的社会议题之上，面对的受众群体则是司法系统内的专业人员及司法系统外的司法专业人士，承担着对内组织沟通和对外形象宣传的双重使命。而政法自媒体则隶属于一个个具体的政法机关，存在于上至中央、下至区县的各级政法单位，只代表本单位发表意见，议程的设置则需要更关注社会热点、面对突发负面舆情要快速跟进，直接面对着广大社会公众以及专业的新闻机构。

一个个具体的司法机关，就像组成机体的细胞，共同构建起了中国司法体系的整体形象；而各个司法机关的自媒体，则与司法直办媒体一道，共同促成了司法机关对司法形象的自我再现。

在这里，我们选取了三家具有代表性的政法类微博，分别是@最高人民检察院、@北京市第一中级人民法院、@平安太原，研究对象横向涵盖公、检、法系统，纵向涉及中央、省、市三级。研究时段确定为2014年11月1日始，

至2014年12月1日止。通过对这三家政法类微博的内容分析和话语分析，试图发现司法自媒体所再现的自身形象的基本特点。如表3.5所示。

表3.5　三家政法类微博的基本情况

微博名称	@最高人民检察院	@北京市第一中级人民法院	@平安太原
成立时间	2014-03-03	2013-10-10	2010-08-23
发表微博数	4064	1386	13997
关注数	229	50	406
粉丝数	4454943	896436	2992579
简介	最高人民检察院是最高检察机关，主要任务是领导地方各级人民检察院和专门人民检察院依法履行法律监督职能，保证国家法律的统一和正确实施	无	欢迎登录太原市公安局官方微博，我们将竭诚为您服务！ 局长热线：0351-4612110
认证	最高人民检察院微博	北京市第一中级人民法院官方微博	太原市公安局官方微博
网页链接	http://www.12309.gov.cn/ http://www.yfw.com.cn/xhfzdacx/ http://www.spp.gov.cn/	无	太原公安便民服务在线 太原交警网站 网上车管所 网上警务室 办公电话
微博链接	无	本院法官的个人微博	山西、太原公安微博群

（一）三家政法类微博所发表微博的内容分析

1. 微博发表量统计

在研究时段内，@最高人民检察院共发表微博347篇，平均每天发表10.8篇；@北京市第一中级人民法院共发表微博146篇，平均每天发表4.6篇；@平安太原共发表微博291篇，平均每天发表不足9.1篇。随着中央和相关部门要求加大司法自媒体建设和司法宣传力度，政法类微博建设成为一种硬性制度和政治任务，相关部门对其微博活跃度都具有考核要求，因此近一年来，很多政法类微博都加大了平时的发表量。见图3.6。

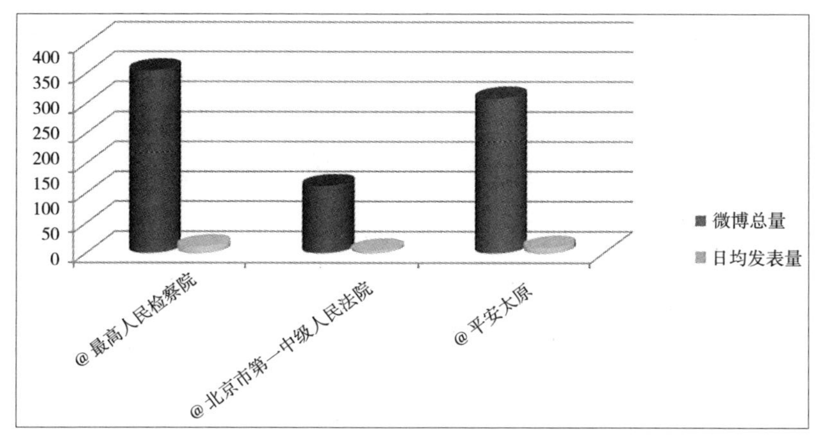

图 3.6 三家政法类微博发表量统计

2. 微博发布形式

从图 3.7 可以看出，三家微博均以原创内容为主，但随着级别的降低，微博的原创内容所占比例也在降低。对于 @ 北京市第一中级人民法院和 @ 平安太原而言，其转发的微博主要以上级机关的微博内容为主，兼顾一些媒体信息。大部分的转发微博采用只转不评的形式，转发加评论的占据少数。此外，三家微博会不定期发起一些活动或者话题，邀请网友参与讨论，这一方面，@ 最高人民检察院做得最好，但是该微博的问题在于，只是发起了话题，却没有参与讨论，没有发挥出社交媒体的交互功能。

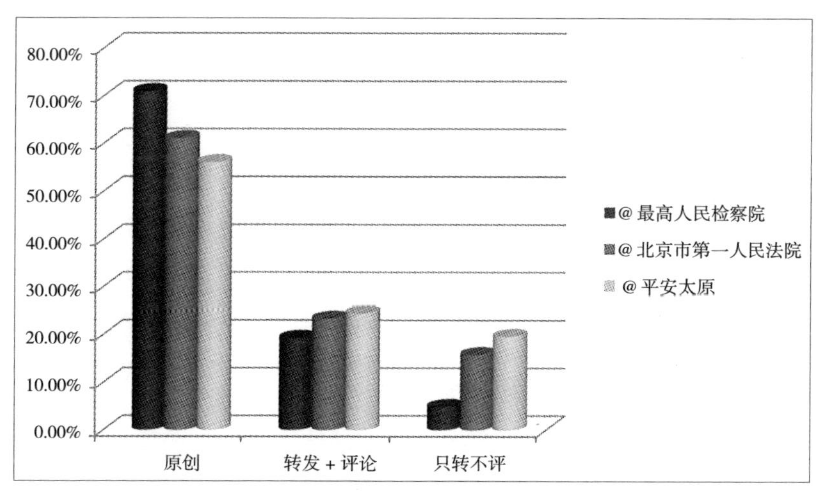

图 3.7 三家政法类微博发布形式比较

3. 所发表的微博功能分析

笔者把微博的功能划分为五种：宣传、报道、服务、普法、公关。对于领导讲话、重要会议、部门举措有关的微博划入宣传的范畴；把对重大、典型案件微博划为报道范畴；对一些法律常识、安全提示、民生信息的内容划为服务范畴；把司法机关的法律解释、法律常识等内容划为普法范畴；把应对热点问题作出的解释、辟谣、危机公关、处理意见划为公关范畴。

三家微博基于自身所属机关的定位不同，在微博发布上各有侧重。@最高人民检察院以宣传和普法信息较多，其中有大量的领导讲话、会议精神，以及对法律条文的解读等，这一点与《法治日报》的内容设置有相似之处；@北京市第一中级人民法院则以案件类的报道居多，以案说法是其传播的主要形式；@平安太原的微博多是提高服务信息，包括安全小常识、急救小贴士、出行指南等信息。公关类信息都不占主流。见图 3.8。

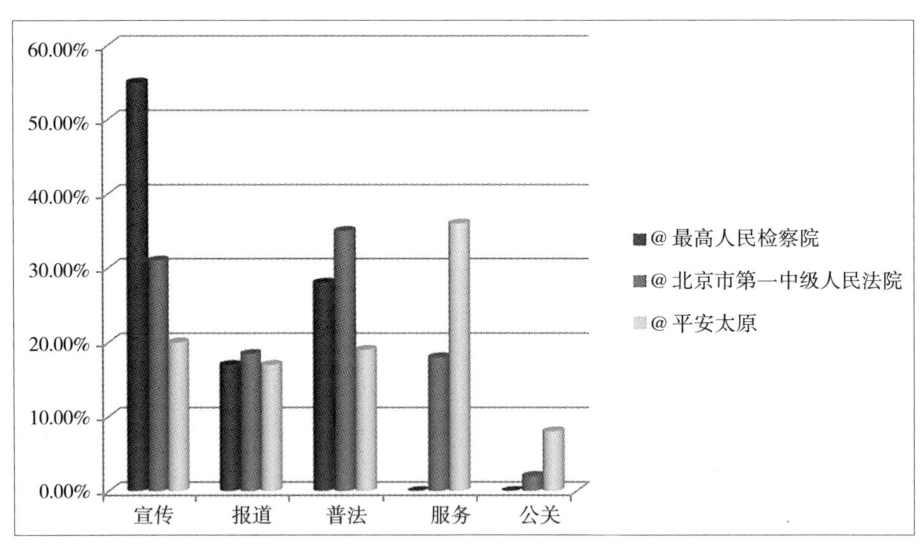

图 3.8　三家政法类微博发表内容的功能分析

4. 回复率统计

比较遗憾的是，@最高人民检察院和@北京市第一中级人民法院的微博回复率都是零，在寻求与网友的交流方面不具备任何的主动性，因此导致微博的传播以单向传播为主，丧失了社交类媒体信息交互的功能。而@平安太原在与网友的互动方面做得非常好，微博回复率达到了 30.9%，这在笔者所接触到的相关研究中，是回复率最高的政务微博。@平安太原的微博回复主要体现在服务类微博中，主要回答网友提出的事项办理方面的问题，这类回复达到了76.3%，充分体现出交流与沟通的诚意。见图3.9。

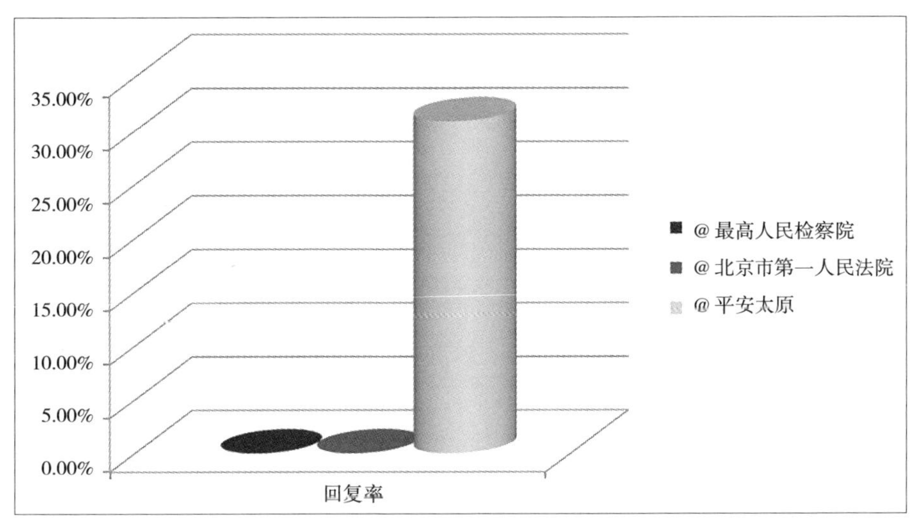

图3.9　三家政法类微博的回复率统计

5. 高频词统计：突出法治和监督意识

三家政法类微博分属于检察、审判、公安三大司法机关，有着不同的职能定位，因此，在高频词的呈现上显示出不同的职能特点，这是无可厚非的。在体现自身特点的同时，"法治""监督""公正"等词语都进入高频词的前列，这从一个侧面说明了"法治意识""监督意识""司法公正"已经成为各司法机关所共同重视的话题，虽然我们并不能因此而妄下定论，认为这些意识已经成为司法机关共同的行为准则，但是对司法机关而言，这些理念的重要性是不言而喻的，这可以在一定程度上反映出我国司法事业所取得的进步。另外，@最高人民检察院的发表内容中，"改革"一词高频出现，说明了司法改革已经成为中央级司法部门的核心工作。这些高频词汇，相当程度上反映了各级各类司法机关的工作重点，也反映出这些司法机关所努力塑造的司法形象。见表3.6。

表 3.6　三家政法类微博高频词统计

@最高人民检察院		@北京市第一中级人民法院		@平安太原	
高频词	频次（次）	高频词	频次（次）	高频词	频次（次）
法治	121	权利	73	非法	118
改革	89	监督	59	依法	106
监督	77	公平	58	法治	85
依法	75	法治	53	合法	69
制度	75	公正	39	公正	62
权力	69	公开	24	监督	52

6. 发布时间比较

微博的发布时间是一个非常具有价值的研究维度，政法类微博对不同类型的信息进行传播的时间不尽相同，有些明显能体会到官方在其中的犹豫和矛盾，这说明了官方面对不同的信息时并没有做到一视同仁，而是各自采取了不同的态度和传播策略。通过研究可以发现，三家微博进行信息发布的重要时间节点有以下几个：法律、法规的颁发与实施，案件查处与审理，重大节日、纪念日，舆论热点和焦点事件，带有自我监督和公关性质的违法违纪行为的查处。见图 3.10。

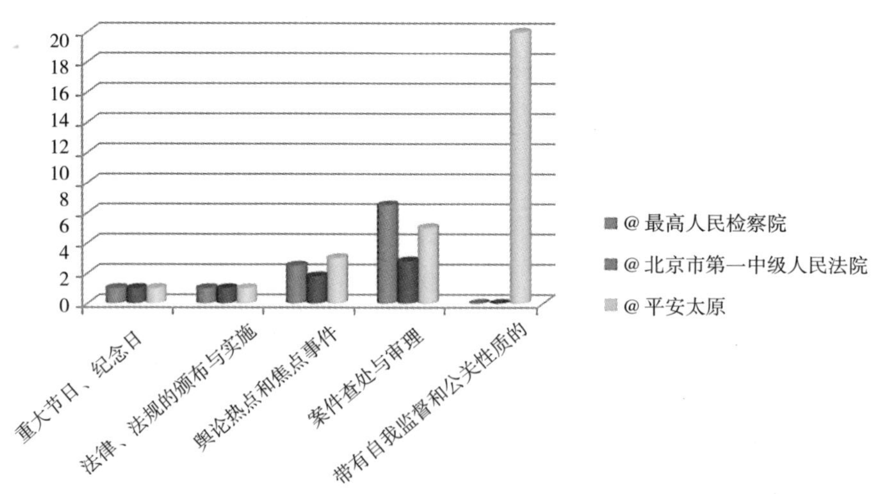

图 3.10　三家政法类微博发布时间比较

通过图 3.10，我们可以发现，对于法律、法规的颁发和实施，以及重大节日、纪念日等是几家微博响应最快的时间节点，其次是对舆论热点的评论，这些微博内容不具备敏感性质，不会对本单位形象产生太大影响，因此属于比较安全的内容，各微博表现得也比较积极。而案件的查处和审理，则需要经过一个司法过程，时间上的滞后在所难免。带有自我监督和公关性质的违法违纪行为的查处，则是发布时间最为滞后的一项。按照危机公关理论，当可能会有损组织形象的事件发生时，第一时间进行解释、辟谣、道歉等公关处理是化解形象危机的最佳选择，处理越拖沓，不利于组织的信息就会越滋长，组织就会越被动。相信司法机关不会不明白这个道理，之所以出现回应缓慢的问题，还需要我们接下来进一步去探究。

（二）三家政法类微博的话语呈现

1. 选题分析

根据选题的不同，共划分为司法改革、权力监督、司法实践、案件查办、司法公正、司法为民、司法反腐等内容，从统计中可以看出不同层级的政法类微博所侧重传播的内容有着明显的区别。@最高人民检察院作为检察系统的最高部门，其微博主要聚焦于司法改革、权力监督等宏观话题，突出“法治意识”和“监督意识”，内容上具备权威性，因此也常常成为低级别政法类微博转发的对象。@北京市第一中级人民法院主要以案件查办为主，案件性质主要以民事纠纷为主，并且以案说法，发挥了在公民中普及法律知识的作用。@平安太原则以司法为民和案件查办为主要内容，公安部门打击犯罪、维护社会稳定和便民服务两大主要职能在微博内容上得以体现。见图 3.11。

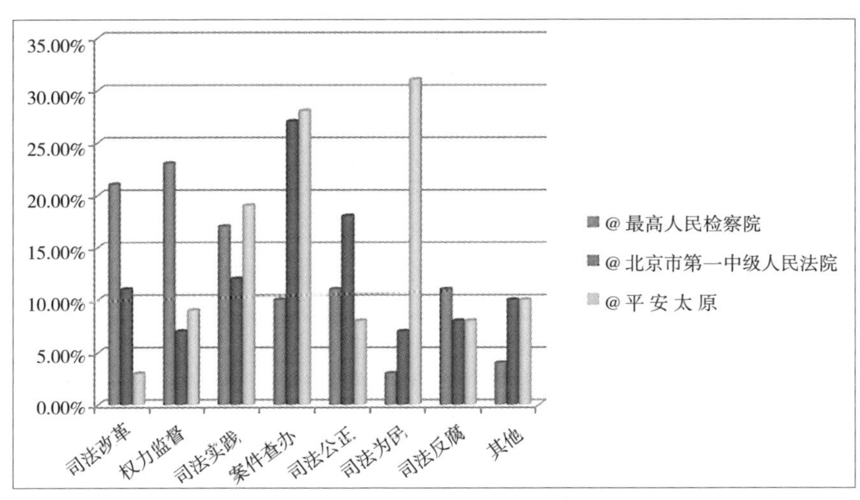

图 3.11　三家政法类微博选题分布

2. 语言风格多元

在语言风格上，作为国家检察机关的代表和最高公诉机构，需要指导全国各级检察机关的日常工作。因此，@最高人民检察院的语言风格体现出权威性的特点，在语法句式上多使用祈使句和肯定语气，话语不具备协商性。这些特点，与《法治日报》《人民法院报》《检察日报》《人民公安报》的语言特点一脉相承，体现了司法主导框架下权威的话语体系。

@北京市第一中级人民法院则不再坚持最高检微博所特有的官方话语，而是变得相对通俗化和口语化。该政法类微博中有着相当多的司法案件的审理内容，涉及比较专业的法律领域，如果使用较为专业的法律术语进行表达，势必会增加普通受众的阅读难度，从而影响传播效果。在网络化和信息化高度发达的社会，降低阅读的难度是保证大众传播有效性的必要前提。因此，@北京市第一中级人民法院的微博语言使用了较为浅显易懂的口语化表达对专业的法律术语进行了置换，从而拉近了与受众的距离。

如果说@北京市第一中级人民法院的话语风格比较通俗易懂但仍属中规中矩的话，@平安太原的语言风格则更注重与网友的交流，语言风格更加轻松、幽默、诙谐，并且频繁使用比喻、对比、排比等修辞手法，使得传播效果更加具有亲和力。

此外，@平安太原的语言还添加了许多表情元素以表达自己的观点和态度，并且熟练地使用了诸如“给力”“亲”“蛮拼的”等网络语言，增强表达效果的同时，也拉近与年轻网友的距离。

3. 视角多元

@最高人民检察院所秉持的官方权威话语体系，其视角只以官方视角作为传播的唯一视角，在体现权威性的同时，丧失了一定的亲和力和协商性。而另外两家政法类微博在报道视角方面做得比较好，都呈现出多元化的视角，这些视角包括公民视角、政府视角、社会组织视角和司法视角，通过在不同微博内容中不同视角的切换，反映出各自不同的立场和倾向。通过多元化视角的表达，显示了司法机关并非政府的附庸和通知传达的工具，而是具备了符合司法精神的行事逻辑，在政府涉嫌侵权行为时，政法类微博也敢于发出批评和质疑的声音。

（三）三家政法类微博所再现出的司法形象

1. 法律、政策的“解读者”和“普法者”

制定法律的根本目的一方面是要打击、惩处不法行为，另一方面则是要震慑、遏制不法行为。减少违法行为的发生，最有效的办法之一就是做好法律法规的宣传工作。而由于法律知识具备较强的专业性，没有受过专业训练的人很难理解法律所蕴含的深刻道理，因此，对法律的解读工作又显得非常重要。在这方面，政法类微博不约而同地选择了做法律知识的解读者和普法者，从三家政法类微博发布的主要内容、讨论的主要话题，都可以看出法律、法规、政策的解释和普及占到了相当大的比例，只不过各家微博根据自身的职能和特点各有侧重、各有突出。政法类微博的传播行为本身展示了司法机关作为法律知识、政策解读者和普及者的积极形象。

2. 依法治国的“践行者”

“依法治国”是党和国家所明确的重要的治国方略，司法部门作为法律的执行者，更是应该以身作则，努力维护司法机关的法治形象。在司法部门的自媒体中，其形象自然都是以正面形象为主，其中包括了检察机关维护社会公平正义的形象，审判机关依法独立审判、保障公民利益的形象，公安部门服务人民、依法打击犯罪、维护社会治安的形象等等。但是这些形象的展示大都指向相同的价值取向，那就是“依法”进行、“依法”实施，可以说，“法治”在司法机关内部已经成为重要的价值准则。

3. 尝试协商性话语，展现亲民形象

最高人民检察院的官方微博显然仍然坚持官方权威话语体系，但是较为基层和一线的政法类微博则比较注重构建话语的“协商性”空间。为此，@北京市第一中级人民法院和@平安太原都采取了通俗易懂的话语风格，以及多元化的视角。比如@平安太原在2014年12月22日发表的微博《居间服务有瑕疵，服务报酬应减免》一文中，从政府的立场提出，“房地产经纪业务是特殊行业的业务，需要由取得专业资格的人员亲自执行业务并亲自签名才能保证服务的质量”；又从购房者的立场提出，“购房者在遇到所享受的居间服务存在瑕疵的情况下，应要求减少或免除居间服务费，必要时拿起法律武器保护自己的合法权益”。司法机关本身成为一个居间的建议者，以专业的法律知识向双方建言，试图打通“官方”和“民间”两个话语场，协商话语的空间由此建构，司法为民、司法亲民的形象进而得以展现。

（四）三家政法类微博存在的主要问题

1. 一些政法类微博严重缺乏互动性

我们看到@最高人民检察院和@北京市第一中级人民法院的微博回复率都非常低，虽然这两个微博都会定期发起一些话题和活动，吸引网友参加讨论和评论，但是这两个微博并没有在活动和话题中与网友产生任何的交流和互动，这与网友踊跃的留言形成鲜明对比。这样的情况在全国政法类微博中非常多见，微博只成为简单的信息发布平台，本应通过官民交流而拉近网友距离的初衷并没有达成，微博的实时交互、双向传播的功能退化为单向传播。

但反观@平安太原的回复情况，则恰恰相反。根据统计，其微博回复率达到三成，相当于每发三篇微博就会对网友留言进行回复，且这种回复呈现出多个来回，回复的对象包括多名网友。@平安太原还会定期发起便民服务话题，解答网友的一些问题，比如户籍政策和办理方式等。在@平安太原所打造的交流平台中，警民双方成为真正对等的交流主体，确实起到了方便群众、服务群众、展示形象的目的。

正是由于全国有很多回复率低、交流严重不足，甚至“僵尸号”等政法类微博的大量存在，@平安太原的范例才恰恰说明了，很多时候，政法类微博互动性差的原因并不是体制机制上的，而是与单位领导的重视程度和微博维护人员的敬业程度、责任意识相关，可以说政法类微博互动性的强弱直接反映了相关机关的态度问题。

2. 回避负面新闻，形象修复不力

作为司法自媒体，司法机关自然希望通过微博、微信等发声渠道尽量展现其正面的司法形象，很难想象任何一个组织（不光是司法部门）愿意主动暴露自身的负面信息。但是，在危及部门形象的负面事件发生时，自媒体可以迅速作出反应，进行及时的形象修复，这也是在新形势下司法自媒体本应该利用的传播优势，但是，从@平安太原的做法上，我们看到的却是其对负面新闻的回避和拖沓，从而导致了负面形象的放大化。

在2014年12月至2015年1月间，山西省太原市发生了轰动全国的“女民工非正常死亡”事件，各路媒体当时对该事件的报道主要冠以“讨薪女民工命丧派出所”的表达。由于事发时现场照片中“弱女子倒地、胖警察脚踩头发”的场景太过具有冲击力，再加上媒体调查不充分，纷纷以“讨薪”为标签进行报道，该事件遂产生了非常恶劣的社会影响，一时间太原警方成为媒体和公众口诛笔伐的对象。

与大众媒体的大量报道、网络论坛的激烈讨论形成鲜明对比的是，太原市警方似乎对此反应缓慢。这种态度反映到了其自媒体 @ 平安太原的内容呈现上，在事件发生的 12 月 13 日到官方第一次正式回应该案的 12 月 26 日，直到 12 月结束，@ 平安太原都没有对事件发表过任何信息。第一条回应的信息出现在 2015 年元旦这一天，但没有对案件本身作出任何说明，只是表示太原市公安局会认真整改。第二天，则转发了太原市公安局的新闻发布会内容，算是对事件作出第一次的正式表态。

也就是说从案发到第一次正式表态的近 20 天时间内，@ 平安太原完全处于失语的状态，把宝贵的话语权让给了社会化媒体和网络论坛。于是，死者的身份被标签化为弱势的讨薪女民工，太原公安粗暴执法的负面形象被定格，一件治安案件上升为事关社会稳定的具备一定社会关注度的事件。

3. 多为结论式信息，内容笼统，缺少细节

央视主持人白岩松曾点评司法机关的新闻发布内容，“结论过多，细节过少”。这一情况确实发生在司法自媒体的传播中，以微博为例，当时 140 字的篇幅限制并非借口，因为网页链接、长微博等形式已经可以对篇幅的劣势进行弥补。而从内容阅读可以发现，很多司法信息缺乏细节、过于笼统的原因并非只与篇幅有关，而是司法机关本身缺乏使发布信息详细化的意愿。

显然，信息的结论化、笼统化不利于受众对司法机关的行为、举措、案件办理进行详细的把握，从而缺乏对司法形象的感性认知，影响司法形象的再现。通过对三家微博的阅读可以发现，以上所提到的问题是一个在各级司法机关的官方微博中都普遍存在的现象。

仍以“女民工非正常死亡”事件为例。2015 年 1 月 2 日，@ 平安太原终于在公众长时间的等待后发表了第一篇涉及案情的微博，但阅读整篇长微博的内容，发现 @ 平安太原存在避重就轻、回避问题的嫌疑。对于更为重要的、媒体和公众普遍关心的案情细节，@ 平安太原作出如下表述：

> 12月13日，太原市公安局小店分局龙城派出所民警在处置“龙瑞苑”工地纠纷警情期间，发生一起非正常死亡事件（“12·13事件”）。事件发生后，太原市公安局立即依法提请检察机关介入调查；同时，立即由局领导带领督察部门展开调查，依规对当事民警作出停止执行职务决定。
>
> 当日，周某等10余名河南籍民工准备于次日返乡，需回住地整理行李，因未戴安全帽进入施工工地，与保安发生纠纷。民警处置过程中与阻拦的周某有肢体冲突，涉嫌违反公安机关接处警相关规定，处置不当，发生周某非正常死亡事件。

这样的表述显然过于笼统，没有事件细节。人们最关心的一些问题，比如警察是否殴打当事人？当事人死因是什么？就算有一些问题需要经法医鉴定才能有定论，是否可有一个初步的判断？网上流传的照片如何解释？涉事民警为何脚踩当事人的头发？涉事民警如今怎么处理？显然，这一系列的问题都没有得到确切的回答。对于社会化、市场化媒体而言，由于缺乏官方信息，迫于完成报道的压力，媒体对于新闻报道最重要的案件细节只能依赖于受害人家属这一单方信源，而显然，受害人家属的表述是无法做到客观、中立的。在由于长时间的失语错失主动权后，信息的模糊和笼统则又使司法机关丧失了事实的解释权，从而在形象修复的过程中自始至终都处于被动地位。在对不良形象的修复策略上，司法机关往往采取淡化事件本身，而强调随后的自省、整顿、整改等举措，希望借此将媒体话题和公众注意力转移，但是回避问题本身的策略对形象修复的效果非常有限。

以上我们对三家具备一定影响力的政法类微博的微博内容和话语呈现进行了分析。通过分析，我们发现司法自媒体是司法机关进行发声、传播的最重要的渠道，其发表的内容和传达的信息完全忠于司法机关的精神、符合司法机关的利益。司法机关通过对自媒体的掌控，从而展示并控制了自我的形象再现，这种展示主要体现在对司法正面形象的再现上，而对形象控制的一面则表现为司法部门对负面信息的消极态度、迟滞传播和话题转移策略。

但是，不同于回复率和互动性可以通过领导的重视、人为的强调加以改进，司法部门对热点事件回应得消极、缓慢，以及内容的笼统等问题，是一个普遍存在的现象，这一情况既存在于级别较高的政法类微博中，也存在于较低级别的微博中；既存在于日常传播中，更存在于危机传播中；既存在于对案件的处理上，也存在于对事件的解释上。总之，低回复率、传播迟滞、回避问题、转移话题、缺乏细节、表述笼统，都反映了司法自媒体在自身形象塑造的过程中，“自说自话”和“唱独角戏”的痕迹十分明显，这一点和司法直办媒体的表现有着高度的相似性。因此，我们推测，司法部门的这些消极表现，应该既有主观因素，又有客观因素，主观因素取决于司法机关的态度问题，而客观因素则应该从体制本身去找原因。接下来，我们将先从司法信息的大众传播阶段回到司法系统内部的组织传播阶段，通过对司法系统体制机制的考察，发掘出造成以上现象的制度性因素。

第三节　回到组织传播：信息在司法系统内部的传播特点

组织对自身形象的再现是一个从组织传播到大众传播的过程，在进入大众传播阶段之前，形象信息在组织内部已经经过了多次的变形。具体来说，这些变形，就是在组织内部对需要展现、表达的形象信息进行的充分的酝酿、挑选、整理、修改，而这一系列动作的背后则是对组织利益的维护和组织各部门之间的博弈。

我们可以把司法系统看作一个大的组织，在这个组织内部，有着公安、检察、法院、司法行政等各个部门，各部门又分为不同的层级，它们有着共同的总体利益需要维护，同时也有着各自不同的部门利益需要表达，它们之间的合作与博弈最终造就了司法形象信息的呈现。而这些经过组织传播造就的信息，一方面，通过司法部门直办媒体、自媒体的忠实传达而直接进入大众传播领域；另一方面，由于司法部门对信源的先天垄断，从而也在很大程度上决定着其他媒体的报道，进而影响着观点市场的形象再现。举一个例子，司法部门在负面新闻爆发时，往往不能在第一时间进行回应，信息发布的滞后常常成为公众和媒体诟病的焦点。但是通过研究可以发现，传达滞后的原因在于信息在组织传播阶段就已经滞后了，这跟司法工作需要严格调查取证的特点有关，也同样脱离不了部门利益的掣肘。因此，分析和了解信息在司法系统内部是如何传播的，这种组织传播的形式又是如何构建信息的，是我们深入了解政法媒体进行司法形象再现的必要步骤，也是进一步研究司法形象自我再现的大众传播阶段以及如何被综合性媒体再现的前提。

为了能够更好地洞悉相对封闭的司法体系的组织传播活动，笔者于2014年底深入到河南某地级市的司法部门，对当地的司法领导（包括政法委领导）和宣传负责人进行了深度访谈，基本摸清了信息在司法系统内部的传播模式、形态以及动机。

一、司法系统“组织传播”界定

“组织传播”的概念不应有太多争议，组织传播是指某个组织凭借组织和系统的力量所进行的有领导、有秩序、有目的的信息传播活动。任何组织都是与信息传播同步生成的，组织的目标、系统、规范的形成和运作都离不开传播，而组织传播活动又必须凭借组织的系统才能进行。

本研究需要对作为“组织”的“司法系统”做一个界定。前文已经指出，本书的“司法”一词框定了“大司法”的概念，作为组成司法系统的司法机关和部门，应包括公安、检察、法院、司法行政等部门，但如果只是强行将这四家司法机关圈定为一个组织，难免有些牵强，因为四家部门之间并没有制约关系和隶属关系，在各自的职责上更是各有分工。显然，作为一个完整的组织，除了要有各司其职、权责明晰而又级别平行的职能部门外，还要有一个明显的领导机构来组织、协调各部门的工作。在我国，司法工作是在党的领导下进行的，公、检、法、司在各个层级上都需要接受党的领导和管理，这个代表党对司法工作和司法机关进行领导和管理的机构就是各级党委的政法委员会。如果我们将政法委引入到我们的观察视野，司法体系作为一个组织就显得完整了，当然，这个组织本身也是现实存在的，在我国，这个组织体系叫作“政法系统”。

明确这一界定后，就可以继续对司法系统或政法系统的组织传播做进一步分析。但在展开分析之前，还有两个概念需要介绍，这将有助于更好地理解政法系统的组织传播。

二、“科层制”和党政“二元化”特点

（一）司法系统的“科层制”问题

第一个概念，是司法系统或政法系统的科层制问题。毫无疑问，政法系统

是一个严密的社会治理组织，有着极其严格的等级划分，也就是政治学中所定义的科层制。科层制这一概念是由德国政治哲学家马克斯·韦伯（Max Weber）提出的，他是社会学的三大奠基人之一，学术思想至今仍具有深远影响。他在1922年出版的《社会与经济》一书中，详细分析了这一适应于社会化大生产的政权组织形式，只不过当时他还是更多地使用“官僚制”一词作为表述。韦伯认为现代政府应该是一个“按章办事的机构”，这一机构按照科层的形式组织运作。按照通行的解释，科层制指的是一种权力依职能和职位进行分工和分层，以规则为管理主体的组织体系和管理方式，有着专门化、等级制、规则化、非人格化以及技术化的特征。科层制组织是一个等级机构，具有等级和权力一致的特征，在这样的等级结构中，将各种公职或职位按权力等级组织起来，形成一个指挥统一的链条，沿着自上而下的等级制，由最高层级的组织指挥控制下一级的组织直至最基层的组织，于是便形成科层中层级节制的权力体系。对于科层制，韦伯本人无疑是赞同的，他虽然也看到了科层制对于阻碍信息流动、禁锢组织创造力等方面的不足，但是他明确指出：科层制管理是最能够适应新兴资本主义社会化大生产的要求的，也就是说，韦伯对科层制有着合理性的理论预设。而事实上，科层制时至今日仍然是政府机构的基本组织模式，不管是在资本主义国家还是社会主义国家，其机构的设置也都是遵循着科层制的蓝本而进行的设计和改进，可以说，科层制是现代政府治理体系的重要标志。

我国的司法体制也是严格按照科层的结构设置的。我国的行政管理体制分为中央、省、市、县、乡五级，而根据《中华人民共和国人民法院组织法》《中华人民共和国人民检察院组织法》等相关法律的规定，我国的司法体制被划分为四级，但如果加上法院系统的派出法庭，司法部门也可看作是五级的机构设置。以公安系统为例，在中央设有公安部，接下来是省（自治区、直辖市）公安厅（局）、地市级公安局、区县级公安局和派出所，处于各个层级中的机关，都受到上级机关的领导，同时又领导着下一级机关的工作。政令自上而下的传递，体系也因此得以有序组织，这种垂直管理的形式形成了所谓的“条条”管理，保证了中央政权的绝对领导力。

（二）司法系统的组织“二元化”问题

第二个概念则是我国政权组织体系中的二元化问题。如果说科层制是当今世界各国普遍采用的政权组织形式，不分资本主义和社会主义，那么，党政一体的二元化则是中国所特有的政权组织形式和社会治理模式。一般认为，为了明确责任主体，社会治理结构应该是一元的，而这一元应该是政府行政部门。在西方，政党不能直接参与社会管理，而是应该根据法律的规定由执政党的意志转化为合法的政府行为。也就是说，政党对社会的管理是间接的，政党通常不能作为管理的主体而居于政府管理的前台。

中国是社会主义国家，政权组织形式与西方国家有着明显的不同，统治阶级的意志是通过党和政府两个主体共同发挥作用才得以体现的，党和政府同时处于社会治理的前台。这种二元化的治理模式，是有效借鉴了苏联的政府管理方式，并根据中国革命建设的具体实践而逐渐形成的，特别是在革命战争时期，党对军队的绝对领导确保了中国革命的胜利。因此，在革命胜利之后，伴随着权力运行的惯性，延伸并凝结在中华人民共和国的政治体系中。随着中华人民共和国成立后几十年时间的不断摸索和建设，这种二元组织结构已经渗透到了国家管理体系的各个层级以及各个部门。司法部门自然更不会例外，在各个司法部门内部，都设有党委会，由局党委、院党委来领导司法部门的日常工作，在司法部门之外，还有党委政法委对各部门进行统一领导。地方党委和政府有直接任命公安、司法行政部门领导的权力，对法院、检察院的领导人选也有着重要的影响力，再加之业务上政法委对各司法部门的指导关系，就使得同级司法机关形成了所谓的“块块”。

对于我国政权组织的科层制和二元化特点所带来的信息传递的弊端，许多学者早有分析。谢庆奎认为，“通过层级化把整个行政区域切成了块块，又通过各层级对应的部门化把块块切成了条条，从而形成了条块结合的体系”①。从纵向上看，各司法部门是由一个权力等级的金字塔所构成，部门层级分为四层或五层，越是基层，部门的数量就越惊人；从横向上看，司法部门又要对某个行政区划内的司法事务负责，从而形成了一个综合交错的权力网络。

三、司法系统“组织传播”模式

在同一层级的政法系统中，信息在封闭的组织内部进行传递，这种传递既

① 谢庆奎:《中国政府体制分析》，中国广播电视出版社 1995 年版，第 91 页。

有党委政法委向各政法部门的下达，也有各政法部门向党委政法委的上传。在日常传播中，党委政法委往往通过会议、文件、检查、调研等方式，将意图传递给司法部门，司法部门通过汇报、文件等形式将办案信息、搜集到的舆情等传递给政法委，表现为一种双向的互动传播。而在司法部门遭遇负面事件时，组织内部要共同商讨对应策略、统一对外口径，这种双向传播就变得更加频繁和紧密。当然，这只是在同一科层级别上的组织传播，作为司法机关，既处于地方政法体系的“块块”之中，也属于各自司法业务的“条条”之中。也就是说，公检法司各部门既受到同级政法委的领导，还要受到更高一级的公检法司机关的领导。因此，组织传播不但要考虑到横向的同级传播，还要考虑到纵向的科层传播。至于传播形式，就和前者差不多，都是通过会议、文件、调研、巡视、汇报等方式进行信息的上传和下达，但是由于科层制的传递路线更长、节点更多，往往信息变形和缺损的程度也就更大，笔者将在后文中详细分析。总之，司法系统内部信息的纵向和横向传播模式可以清晰地表现出来。见图 3.12。

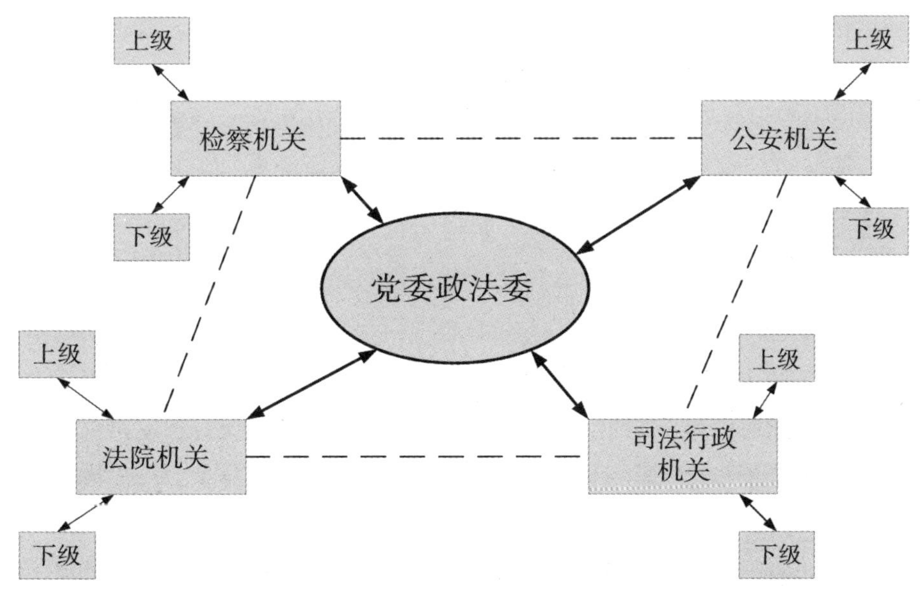

图 3.12　司法系统组织传播图示①

① 双箭头实线代表双方有着密切的联系以及畅通的沟通渠道，虚线代表几乎没有联系或沟通渠道不畅。

由图 3.12 可知，信息在司法系统内部的传播路径是按照司法系统的组织结构而自然形成的。严格的组织结构限定了信息流动的方向和形式，司法部门既处于地方的“块块”之中，也从属于垂直的“条条”之中。特点鲜明的科层制和二元化的政权组织形式塑造了信息在司法系统内部的传播特点，这些特点包括传播的中心化、线性化以及失衡化，这些特点决定了这种组织传播方式的优点与不足。

四、司法系统组织传播的特点

（一）组织传播特点一：中心化

中心化主要是在同一级司法系统组织传播的特点，是由我国政权党政二元化的组织特点所形成的块块管理的现状所决定的。

对于司法系统来讲，中心化的“中心”指的就是党委政法委员会，在图 3.12 中，可以看到，司法部门的信息传递都呈现出一种单向的线性传播模式，这个线性传播的一端都指向同一个中心，即党委政法委。在实际工作中，不管是日常时期的传播，还是非常时期的传播，信息都会经过特定程序向这个中心汇聚，再经过这个中心的汇总、选择、加工，以符合整体利益的形态，经由特定程序传达给各个部门。

笔者在某地政法系统观察到的情况是：在日常传播中，党委政法委会向各单位明确宣传纪律和宣传主体，部门或个人擅自的决断和越权在政法机关内部是不被允许的，甚至是会被看作离经叛道的行为，同组织文化格格不入、背道而驰。在非常传播时期，这种信息发布中心化的趋势就更为明显。为了统一对外口径、统一信源消息、避免出现由于部门利益造成的表达不一，党委政法委会启动相关部门的联席会议，共同商议信息发布的口径、策略、方式等。一旦这些口径被确定下来，各部门就要严格执行，其他的发布渠道和发布内容都是不被允许的。而作为各部门来讲，出于对部门利益的谨慎呵护，他们也乐于由党委政法委来进行关键的决断，从而减轻自身的责任和压力。

中心化的作用明显，那就是虽然各部门表达渠道众多，但是口径都高度一致。这种一致不单表现在宣传精神和宣传内容上，甚至有时发布的文稿都是一模一样的。更重要的是，中心化的信息传播模式还限制了大众媒介的多元化、多角度传播。在重大案件、重大事件的传播中，中心化其实就是在为统一的新闻发布做准备，前者是后者的组织传播阶段，后者是前者在大众传播阶段的自然延续。这种经过政法委审查、重组、再现过的内容，高度忠实地进入到对大众和新闻媒体的传播过程中去。由于信源高度一致，没有了其他的合理、可靠的信源，许多媒体只能严重依赖于司法部门提供的信息。

当然，也应该看到，中心化一方面是统一了宣传口径，避免了各部门之间各说各话、各自为政的现象，对形象的塑造尽量掌控；另一方面也限制了部门的能动性，培养了部门的惰性。各部门认为不管什么事都有上级扛着，自己只要如实传达就行，除了获准说的，其他一概不说，新闻发布会中也是多发布、少提问。特别是在危机传播中，我们经常看到司法官员们念完事先准备好的稿件之后，面对提问，“无可奉告”往往成为最多的说辞，这些都给新闻记者和受众留下了不愿承担责任的不好印象。

（二）组织传播特点二：信息流动失衡

依托于金字塔式的组织形式，信息传播自上而下的传播比较通畅，自下而上的传播则明显不足。同时，通过图 3.12 也可以发现，组织传播中信息的纵向传播、中心化传播比较多，而部门间的横向传播比较少。

司法体系内自上而下的信息传播，主要是上级的精神、政策、导向通过文件、会议的形式对下级的传达，一般而言，从中央到省，再到地、市、县，由于不存在责任问题，往往都能够畅通无阻，中央的意图得以及时的传达，从而形成一个有效的组织运转链条，这也是我国强大的行政动员能力的体现。但是反过来，如果是从下级到上级的传递，特别是负面信息的传递，情况就往往大不一样了。

诺贝尔经济学奖得主西蒙认为，行政组织传播中的障碍主要有中断或失真两种。中断是信息的停滞与残缺，主要是传播网络不健全或运转不灵时发生，要从组织体系上解决问题；失真原因有七种：语言上的错误、理解上的偏差、上下级之间传递中的增损、地理距离所造成的障碍、由于个人利益所作的夸大或缩小、由于工作重担的压力而忽视了重要情况，以及信息审查制度的障碍。

可见，由于主观和客观的原因，信息在组织内部自下而上传播是不畅和阻滞的，信息流动的失衡带来了信息占有的失衡，进而引起信息失真和缓报的情况。

也有学者认为，五级政权不仅使信息传达放慢，信息量的损失和信息失真的概率也在加大。在金字塔式的科层组织形式中，底层的信息每通过一个环节，失真的风险就会增加一次，过多的上传环节也意味着更大的信息失真的风险。这种失真有可能是因为地方官员趋利避害的心理，也有可能是语言上、理解上、技术上的客观原因造成的，但不管是哪种原因，信息失真的事实是确实存在的。

对重大事件和工作失误的缓报也是信息向上流通不畅的主要后果。具体的表现就是报喜不报忧，工作中的成绩可以得到及时的上报，但当危机发生时，基层行政组织往往希望先将信息封锁，并通过快速处理迅速挽回局面，待局面好转或可控之后再向上汇报，以此规避自身的责任。

为避免失真和缓报现象的发生，处于高一级的司法机关往往会在重大事件发生时派出工作组到基层单位了解情况，这是对司法系统组织传播弊端的一种弥补，但这种弥补同样需要时间，一样可能会造成传播迟滞。

此外，由图 3.12 可知，信息的中心化传播和纵向传播较多，但是部门间的横向传播较少。这种情况的产生，一方面，是由工作性质决定的，因为在日常的案件办理中，公检法是相互独立，甚至是相互制衡的关系，有些信息本身就是不能够共享的；另一方面，是由科层制本身无法提供横向联系的特点所决定的，在该体制下，各部门主要是对上级部门负责，同级之间相互独立，没有告知的责任和义务。即使要在一起商量汇总信息，也需要上级部门的召集，各方之间缺乏交流，难以将好的经验、好的办法及时传达、互通有无。

（三）组织传播特点三：传播迟滞

在司法系统内部，不管是横向的中心化传播，还是纵向的上下级传播，信息的流动渠道都是明确且通畅的，但这并不代表信息的组织传播阶段就会大大缩减，从而信息最终进入大众传播的时间就会加快，事实恰恰相反，司法信息进入大众传播阶段的时效性往往表现出迟滞的特点。经过调研，笔者发现，这种现象与司法各部门出于自身利益的犹豫不决以及请示制度的烦琐程序、信息占有、流动的不均衡都有直接关系。

在日常传播中，各司法部门要把收集到的网络舆情进行汇总，向党委政法委作出汇报。党委政法委会根据汇总到的舆情进行分析、研判，并最终确定司法自媒体的宣传口径、重点、倾向再传达给各个机关。而这个分析、研判、传达的过程显然需要一定的时间。并且，政法委员会在日常工作中会对待办事项的轻重缓急作出自然排序。由于在日常传播中，对外传播和形象宣传并不是诸多工作中的重点，这就更延长了上述过程所需要的时间。

而在危机传播时，信息的时效性更不能得到保证，其中既有人为的主观因素，也有制度的客观限制。危机事件突发时，涉事单位出于对自身利益的维护，会有意拖延信息上报的时间，从而为自己争取到调查、处理事件和弥补过失、挽回影响的余地。通过对司法机关工作人员的访谈，我们得知，对重大事件的瞒报一般不会发生，基层司法机关没有这个“胆量”，但是拖延一段时间则是普遍存在的做法。虽然这个时间拖得也不会太久，因为正如受访者所言，“现在的网络实在太厉害了”，但是有了这点时间上的缓冲，对于司法机关进行应对工作无疑是非常重要的。

同时，即使是危机传播时期，信息的上报也必须严格遵循既定的报送程序，不能越级，也不能简化程序，除非党委政法委启动紧急会商程序，召集各有关部门共同商讨对策，可能会简化一些流程，起到节省时间的效果。但是，应该看到，即使是政法委员会，在处理一些特别重大的突发事件时，也不完全具备独立处置的权力。政法委员会隶属于地方党委，其工作要对地方党委负责，在重大事件发生时，政法委也要向地方党委作出请示，并由党委常委会最终给出意见、作出部署。有时，地方司法机关还要向上级主管机关请示，寻求帮助与支援。以上谈到的所有流程，都需要时间作为前提，即使反应再迅速的新闻发布，其内部必定经过了这样一个信息流通的组织传播过程。正是因为有了这个过程的存在，相关部门就不可能对危机事件作出即时反应，于是我们看到，司法机关对突发事件作出微博发布、新闻发布会等回应措施的时间节点，短则在事发后一两日，多则可能十天半个月，甚至更长时间。

因此，就像我们不能否认司法信息传播的迟滞有着需要案件调查、取证等客观因素一样，我们也不能否认组织内部的制度规定、组织传播的流程以及部分部门利益的掣肘，同样在客观和主观上影响了司法信息对外传播的时效，从而相比于专业媒体和网络舆情而言，表现出了传播迟滞的特点，进而使司法机关失去了一定的主动权，影响了司法正面形象的再现和负面形象的修复。

近些年来，司法机关日益重视宣传工作和舆情引导，对于组织传播的弊端，采取了一系列的救济措施。比如，将党委政法委牵头的舆情分析机制常态化，有些地方甚至每日都要开例会以应对网络舆情，从而减少传播的迟滞程度。再比如，加强互联网舆情的收集、研判能力，使高层级的司法机关可以绕开下层而直接获得突发事件的详细信息，从而减少信息占有、流通失衡导致的案情误判和应对不力。各地司法机关的这些尝试一定程度上消除了组织传播带来的负面效应，但不可否认的是，现阶段，科层制和二元化体制的客观现状、各司法部门对自身利益的维护动机，都会一直存在。因此，官方渠道信息传播的迟滞、失真、模糊等现象仍将在很长一段时间内困扰着司法形象的正面塑造。

通过对司法系统组织传播的观察，我们掌握了司法系统信息传递机制的优点与不足，发现了造成信息迟滞、笼统、模糊的制度根源。但是，制度症结并不是现阶段司法部门自我形象再现过程中的种种问题的唯一原因，司法系统出于自身利益而采取的传播态度、司法宣传场域因应各种权力的规制而作出的选择，才是更大的影响因素。接下来，我们将就借助场域理论对司法宣传场域背后的权力争夺与控制展开探讨。

第四节　形象的展示与控制：政法媒体背后的权力约束

布尔迪厄的“场域”理论揭示了现代社会根据“习性”和“资本”被区分为一个个不同的场域，各个场域之间互相影响、互相渗透，共同创造了我们熟悉的社会环境。任何场域都置身于社会之中，不可能置身其外，并且必须互为对方的构建因素，否则社会形态将被禁锢，无法发展甚至不复存在。

“习性”是指一种文化的和习惯的力量，它并不需要被界定，却无时无刻不在影响和指导场域内的行动者的思想意识和日常行为，习性不同于组织文化，习性高于组织文化。习性来自历史，来自经验，更来自主导意识形态，它决定着场域的精神世界与客观面貌。

“资本”则是指社会实践中一切有价值的资源，包括实体的物质资源、财富资源，当然也包括抽象的话语资源、精神资源，它是权力得以运行的基础，更是权力争夺的目标。场域一经形成，对于“资本”的争夺就开始了，不同的场域间通过权力的渗透来争夺社会资本，并对场域内行为者的习性产生影响。

场域理论正是基于这样一种假设：一个社会场域通过权力渗透进入其他场域，争夺着社会资本并改变着其他场域的习性，与此同时，它也在被其他场域的权力所渗透、所改变。社会的权力结构正是在这样的争夺和改变中达成了一种动态的平衡。

场域理论经常被学者们用来分析新闻的生产，这些学者当然也包括布尔迪厄本人。编辑部场域足够开放，受到来自政治、经济、社会权力的影响又是如此明显，以至于我们分不清人们到底是在用场域理论来透析新闻生产，还是在用新闻生产来佐证场域理论。那么场域理论只适用于编辑部场域吗？答案当然是否定的。场域理论本来就是一个社会学理论，不被新闻传播学所独有，它的理论假设涵盖了社会的所有领域。即使如司法场域如此封闭、如此独立的场域系统，仍然要受到来自政治的、经济的、社会的权力的渗透和影响。而对于司法场域所自我再现的司法形象而言，它所产生的社会环境里，至少有司法场域、政治场域、经济场域、媒介场域和社会场域五种力量在争夺。在图 3.13 中，我们想象出了一个司法形象自我再现的社会空间，自我再现的话语权被看作是各权力争夺的目标而位于菱形图式的中心，司法场域掌握着大多数的话语权，并对形象再现起到最重要的影响，而在菱形图式的四个角上，则分别由政治力量、经济力量、媒介力量和社会力量所占据，这些力量或直接或间接对司法场域产生影响，进而影响形象再现。纵使司法机关严格控制着自我表达的媒介，这些媒介再现的司法形象仍是各方力量角力、撕扯的产物。

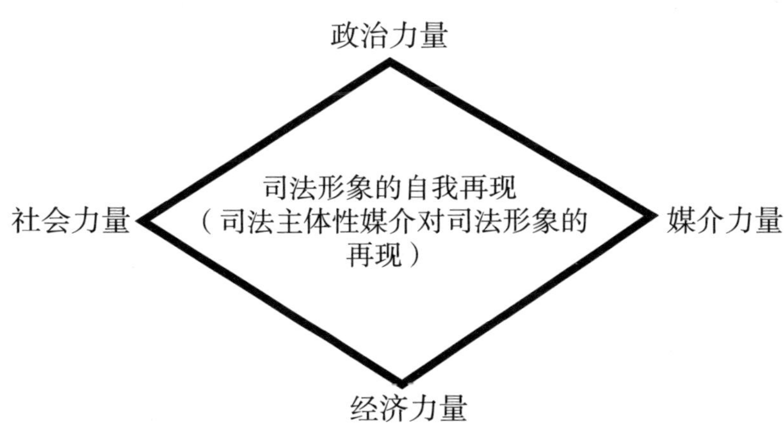

图 3.13　政法媒体再现司法形象的社会空间

在上图中，各方力量拥有着不同的社会“资本”，司法场域并非无奈地接受它们的控制，而是因为这些资本也是司法组织所赖以存在和发展的必需品，于是也在或多或少地迎合着这些力量的介入。应该明确的是，权力争夺是一个动态的过程，司法场域对各权力资本的需求度也不尽相同，并根据与它们的关系（表现在图式中就是互相间的距离）而呈现出远近之别。那么，这些社会权力到底是如何进入高度封闭的司法场域，又是如何影响司法部门的行为和表达，并最终呈现出由政法媒体自我再现出的形象？我们必须深入到问题的核心，做一番细致的考察。

一、司法场域的封闭性、独立性

正如布尔迪厄告诉我们的，每一社会场域都有着自己特有的习性，其运行都必须遵循自身特有的规律和原则。司法作为国家进行社会管理和社会治理体系的重要一环，更是一个特殊的社会场域。司法机关严格按照国家宪法和法律赋予的权力独立行使职责；司法工作必须在法律的规定下进行，有着极为严格的程序；司法队伍是一个高度纪律化的队伍，有着严格的职业要求和纪律准则。也就是说，司法场域有着高度的封闭性和独立性，司法权力必须严格按照自身的规则行使，任何不尊重法律规定的行为，不管有多小多细微，都有可能给程序正义带来损害，从而破坏法律的公平与正义。

正是司法工作的这些特点，使得司法部门在很长一个时期里，都显得非常神秘，司法机关也习惯于在幕后做好自己的本职工作，而不习惯于出现在前台以及媒体的聚光灯下，这进一步导致了司法部门不习惯也不擅长于对外宣传，从而影响了正面形象的自我构建。

首先，司法场域的封闭和独立，延宕了司法形象的及时传递。司法信息在很大比例上属于案件信息，在社会上引起争议最多的、能够对司法形象产生重要影响的也大多是案件信息。很多时候，司法部门办理案件需要一个必要的时间过程，在这个过程中，不合时宜的信息披露有可能会影响案件的顺利侦破，破坏审判的公平公正，或者侵害案件当事人的利益和隐私，在案件办理的过程中进行的司法公开应该慎之又慎。

一般而言，司法机关主动公开的案件信息分为案发公开、侦结公开和审结公开。第一个属于共时传播，对于那些犯罪分子具有一定危险性的、犯罪后果造成重大社会危害的、对人民群众生命财产安全构成威胁的案件，需要对公众及时进行提示，或者需要公众提供线索的，也会进行主动的公开。侦结公开是指公安人员案件侦办完毕后进行的公开，此类案件公开的前提是犯罪事实清晰，无争议，犯罪证据充足并得到妥善固定，案情的公开不会影响到对犯罪主体和犯罪事实的认定。最后是审结公开，审结意味着案件的最终结束，属于绝对意义上的事后公开，是最常见也是司法机关最喜欢的公开方式。如图 3.14 所示。事实上，司法案件的公开在大部分时间都是一种事后传播，例如公安机关的——命案必破、不破不报——就是典型的事后传播。

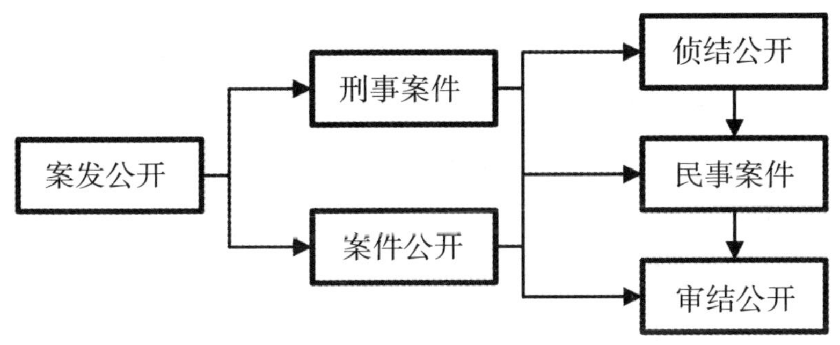

图 3.14　司法机关公开案件信息的类型

当然，随着现代社会化媒体记者的无孔不入以及信息传播的空前发达，想做到完全的事后传播并不容易。很多时候，当重大案件或重大事件发生之初就被媒体曝光，事后传播已不可能时，司法部门会采取一些类似“缓兵之计”的方式，如发表声明表示正在调查；一旦有结果，及时通知。在一定程度上可以安抚公众情绪，为自己的案件办理或者危机处理争取时间。

其次，司法工作封闭、独立的特点还会使传播的内容不够生动、缺乏细节。央视主持人白岩松就曾批评司法机关的新闻发言人，认为他们的新闻发布“概念太多故事太少，宏观太多细节太少”[①]。当然，造成这种情况的原因不排除一些司法官员习惯于讲官话讲套话，但是司法工作的特殊性应是主要原因之一。有些案件信息由于本身敏感，本来就不适合于公开；还有些细节过度描述，可能会引起公众的不适，或带来不好的示范效应，甚至成为犯罪分子学习犯罪技能的教科书；尤其是在案件办理过程中就对案件细节进行公布，有可能会引起媒介审判和舆论审判，影响司法的独立性。

① 资料来源：根据澎湃新闻 2014 年 10 月 11 日的报道，http://www.thepaper.cn/newsdetail_forward_1270631。

比如曾经获得2004年第15届中国新闻奖电视专题一等奖的获奖新闻《惊心动魄22小时》，因为记者跟随北京警方，将解救被绑架的著名演员吴若甫的惊险过程全程记录，而获得了评委会的青睐。但是，北京电视台《法治进行时》栏目之所以能够在警方执法的过程中全程参与和记录，正是基于多年来的采访形成的与北京警方默契合作的信任，而这种成功是不可复制的。毕竟在解救人质的过程中，警察既要保证人质安全、减少自身伤亡，还要照顾到记者的人身安全，无疑会增加营救的压力和难度。封闭的、不受干扰的办案过程是司法机关所追求的，这就意味着要面对大量鲜活的、极具新闻价值的细节不可避免的流失，即使是司法部门自己的媒体也难以幸免。

当然，我们也应该看到，虽然司法工作的特殊性是信息传播迟滞和缺乏细节的主要原因，但也不能排除司法部门自身的利益使然。长期封闭的工作环境使司法部门缺乏必要的监督，习惯于我行我素，不愿意自己的工作被置于显微镜下，怕被外界“说三道四”。这些“私心”也导致了信息进一步的迟滞和缺失。

司法部门既垄断着司法信息资源，又有着发达的传播渠道，应该在形象再现的过程中掌握主动权和话语权。然而，客观原因和主观原因造成的信息迟滞和缺失，却妨碍了正面司法形象的塑造。直办媒体、自媒体传播信息的迟滞造成了时间上的空白，传播信息的片面、缺少细节又造成了空间上的空白，这就为一些不负责任的媒体进行随意的填涂创造了机会，甚至促成流言蜚语的形成。及时的、全面的司法公开是司法部门主动展示形象的必要途径。需要探讨的是，如何在公开、公正之间，新闻的求快、求真与司法的封闭、独立之间寻求某种平衡。司法部门的直办媒体、自媒体掌握着权威的、第一手的信源和资料，做好司法形象的自我再现完全是有可能的。

二、政治力量的绝对控制

改革开放以前，中国社会的政治影响力贯穿各个领域，政治与人民生活紧密相连。但随着改革开放的启动，为了搞活经济、繁荣市场，政治主体必须让渡出相当的权力，让市场来代替政府行使。而随着改革的初步成功和市场的繁荣发展，我们看到众多社会领域，都出现了从政治领域向经济领域和社会领域的“权力交接”，尽管这种“交权”有时还不够彻底，而政治主体也并非“心甘情愿”，但是改革的序幕一旦拉开，社会进步的巨轮一旦运转，任何力量都是无法阻挡和逆转的。

但是在这场改革中，司法领域作为关乎党的执政根基和政权稳固的重要领域，始终被牢牢把控，不容其他权力渗透。虽然自改革开放以来，司法领域为适应经济发展（如由加入 WTO 带来的一系列司法规范调整）和回应社会需求（如由“孙志刚案”等案件推动的法治进步）不断进行改革和探索，现在的司法实践相比起 1978 年以前显得更加法治化、科学化、现代化，但是不容置疑的是，这种改革和探索仍是在党的主导下完成的，司法的进步仍是由党来推动的，司法的主导权依然由党牢牢掌控。通过与文化领域和经济领域的对比，我们更能清晰地了解这一现况。见表 3.7。

表 3.7　当前中国社会主要领域权力格局[①]

权力主体	权力对象		
	司法领域	文化（宣传）领域	经济领域
政治权力	+++++	+++	++
经济权力	—	++	+++
社会权力	—	+	—

坚持党的领导，是中国特色社会主义司法事业的特点和本色。虽然在近些年的司法改革中，党和国家采取了一系列的举措来保证司法的独立性，比如党中央明确要求各级政法委要退出对具体案件办理的指导，各地政法委书记不能再兼任公安局长、改由政府副职兼任，时任中央政法委书记孟建柱在 2014 年中央政法工作会议上明确发出了“各级党政领导不许干预司法办案，谁干预就处理谁”的警告。但是，这些举措都是在业务层面上保持司法的独立性，而党对司法的领导非但没有丝毫的松动，反而正在进一步加强。司法机关是党和政府进行无产阶级专政的重要工具，是维护国家和社会秩序的重要保障。党对司法工作的绝对领导也是对西方错误思潮以及“司法独立”片面理解的有力回应。因此，我们在审视司法机关的工作以及司法机关的形象建设时，政治的力量是一个绝对不容忽视的重要因素。

回到政法媒体对司法形象的再现这个问题，我们发现，政治权力往往通过

① “+”号的多少表示强度，“—”号表示不直接存在。

机制的设计、人事的安排以及政治文化和意识形态的熏陶来实现对信息从组织传播到大众传播的全程控制，从而左右了司法系统对其形象的自我再现。

笔者在对河南某地级市司法机关的宣传工作进行观察时发现，作为代表党管理政法工作的党委政法委员会，与公检法司各部门之间有着极为畅通的信息沟通渠道，而且这种内部的信息沟通是由完善的制度设计作为保障的。日常传播中，各司法机关会将重大的案件信息、收集到的舆情信息、落实上级部署的工作信息及时地汇总并上报给党委政法委，后者作为这一体系的中心和大脑，对这些信息进行整理、吸收，全盘考虑，形成文件，将相关的宣传精神、宣传任务再反馈给各司法机关，各司法机关按照要求认真落实。一旦发生重大案件、重大突发事件、重大负面危机时，党委政法委则会召集各司法部门的领导和宣传负责人，直接了解事件详情，共同商议对策，进而形成统一的宣传口径，甚至对外发布的文稿、公告都是由党委政法委直接拟定，从而形成“众口一词”的效果。通过这种严格的“报送—执行”机制，保证了政治权力对司法工作和司法宣传的绝对控制，确保了司法宣传工作完全按照当地党委的意图进行。

要实现政治权力对司法宣传的绝对控制和有效管理，光靠完善的体制机制显然是不够的。再完善的机制，也需要靠人的坚决贯彻和不折不扣地执行。通过人事的安排与任免，政治权力将司法工作和司法宣传交给“经得起考验”的具体执行人，从而保证司法宣传同政治意图的完全一致。科层制是一种权力代理的体制，具体的手段就是对各科层负责人的任命以及责任的绑定。在司法系统内部，虽然人民法院的院长、人民检察院的检察长需要各级人大选举产生，公安机关、司法行政机关的领导由各级政府任命，但是由于我国党政二元化的政权组织特点，各级党委对以上负责人的选用有着非常重大的影响力。政治权力是选择权力代理人的依据，一方面是个人的业务素质，另一方面则是个人的政治素质。在思想和行动上与党组织保持高度一致的各部门领导，在对下一级负责人的任命上，当然也会采取和党委一样的用人标准，于是，权力代理的链条得以形成。在司法宣传这条线上，统一的思想被一级级传递，直到链条的最末端——处于一线的宣传干事。于是我们看到，虽然自媒体使司法系统有了多个表达渠道，但每个掌握渠道的人都严格地遵守着宣传纪律。在危机传播中，政法委的联席会商机制启动，可以直接接管对外宣传，但在日常宣传中，发布人发布的每一条信息不可能都要经过审核，于是发布人的政治素质保证了宣传工作与政治权力的默契与一致。

政法媒体的情况同样如此，各直办媒体作为相关司法部门的事业单位，一般来说，其中层以上领导都拥有正式的事业编制，并享有一定的行政级别，比如《法治日报》的社长和总编都是正局级，中层的各部门负责人则都是处级，其人事的任命与管理也由相关部门直接进行，从而确保“命令式”的新闻体制有效运行，确保直办媒体能够发挥机关报、机关刊物的核心功能。

人事的任命是政治权力进行司法控制的硬性手段，但一个有效的、成功的控制体系，不但要通过制度、人事完成显性控制，更要通过思想、意识完成隐性的控制，而后者才是整个社会控制和司法控制的核心要义。经济学理论有一个非常重要的假设，认为人作出重大选择时都是理性的。不管是直办媒体的新闻记者，还是负责对外宣传的政法干警，都属于体制内的一分子，其自身的利益始终与组织的利益紧紧捆绑，在一般情况下，他们自然能够自觉维护司法组织的权益，生产出符合组织意图的内容。同时，传播学理论中的涵化理论、“沉默的螺旋”理论在用于组织传播对组织成员的影响时也同样适用。中国政治体制的超稳定结构一定程度上来自体制内宣传和鼓动的有效性。在司法体系中，长年累月的政治学习、民主生活、座谈会不断教育着政法干警，让政法干警能够从思想上、认识上自觉与党和组织保持高度一致，对于直办媒体的记者、司法部门的宣传人员而言，长期的职业熏陶也让他们拥有强烈的心理依赖，很难有独立于主流意识形态的想法，并在他们的报道中以浸润的方式把组织的意图和观点流露出来。正如前文分析的，对信源的选择、词语的使用、话语的组合都是为了塑造一个正面的司法形象，这是一种下意识的心理自觉，是一种长期的职业训练的结果，而这种表现正反映了“习性”的巨大力量。他们的每一篇报道、每一条微博，甚至所说的每一句话，都会先经过自觉的“自我审查”，被确认符合主流意识之后，才会被表达出去。

三、经济权力的若隐若现

在表 3.7 中，我们看到，政治权力绝对控制着司法场域，而经济和社会权力对司法场域的影响是零。这只是说这两种权力不会直接对司法场域产生影响，而且为了保持司法的独立性、程序的正义性和判决的公正性，这两种权力也不应该对司法场域直接产生影响。但是，这并不意味着，经济和社会力量就完全无法渗透进司法领域，只不过这种渗透是通过一种更为间接、更为隐蔽的方式实现的。在这里，我们先来讨论经济权力对司法工作和司法宣传产生的影响。

司法体系作为组成国家治理体系这个巨系统的最为重要的一个子系统，其正面的形象无疑可以促进国家形象和政权形象的正面化，对国家如此，对地方亦是如此。如果一个国家或地区的司法形象，给人的印象是奉公执法、以人为本、公平公正、高效廉洁的，那么人们自然会认为该国或该地区必定是一幅社会欣欣向荣、经济繁荣发展、人民安居乐业的景象，那么这个地方就可以吸引到更多的旅游、投资；反之，如果一个国家或地区的司法给人的印象是腐败的、僵化的、封闭的，那么人们就会将这个国家或地区与治安混乱、经济萧条、犯罪猖獗、私产得不到保护等概念联系起来，游客和资本自然会敬而远之，发展经济便成了一句空话。

这就是经济权力影响司法场域的奥妙所在。在当今中国，中央政府和地方政府将发展经济作为工作的首要任务。几十年来经济的高速发展，是中国共产党在新时期不断巩固执政合法性最重要的一块基石。正因为如此，营商环境的优化成为推动经济高质量发展的关键举措。各地党政干部特别注重营造法治健全的投资环境、治安优良的旅游环境，以吸引更多的投资和游客。良好的投资和社会环境则需要有效的司法保障。改革开放以来，司法为保护经营主体的合法权益起到了至关重要的作用，为社会的稳定和长治久安作出了重要的贡献，从这方面来讲，经济权力通过政治权力促进了司法的进步。但凡事都有两面性，过度追求经济发展也使得一些地方政府作出侵犯百姓利益、破坏自然环境、引发重大事故的行为。而在这些负面事件发生时，为了保持良好的地方形象，政府往往采取缓慢的措施来逃避责任。而这些事件很多时候又跟司法部门发生联系，要么司法部门成为处理事件的主体，要么干脆成为制造事件的主体，于是，司法机关在危机传播中，信息披露的迟缓、表述的模糊，配合地方政府隐瞒、欺骗公众的情况就时有发生，严重干扰了司法形象的正面再现。

以上是经济权力对司法场域产生影响的宏观层面的考察，其影响到的不仅是司法工作的宣传，更影响到了司法工作本身，并且这种影响是一种通过政治权力为传达中介的间接影响。但是对于司法直办媒体而言，经济的影响就直接得多，但是这种影响的程度相对于其他类型的媒体还比较低。对于市场化和社会化媒体而言，经济对其产生的影响显而易见。媒体需要生存、发展，就必须生产出迎合市场需求的内容，这一点早已毋庸置疑。但是对于司法直办媒体而言，经济和市场对其影响要小得多，这些中央司法部门的直办媒体，虽然已经被改制为“自筹自支”的事业单位，需要参与市场竞争，但是数量众多的各级党委、政府、司法单位和相对稳定的订阅群体带来了巨大的订阅量，这使得直办媒体的收入有了保障。而这些收入实现自由支配后，直办媒体的日子反而过得更加“滋润”，不太为“柴米油盐”所累的它们，可以相对自如地游离或游入于市场，从而保证了其正面宣传的媒介立场。也正是这一点，使得司法直办媒体同包括各级党媒在内其他媒体有着根本的区别。

但是也应该看到，近些年来以《法治日报》为代表的司法直办媒体已经不满足于长期稳定但又很难扩大的订阅群体，于是也参与到市场的竞争，采取多元化经营策略，去争夺一些其他类型的受众，进而谋求更大的经济利益。经济权力可以通过间接渠道影响司法场域，可以通过直接渠道影响司法宣传，此外，还可以通过非法渠道影响政法干警，从而为司法新闻提供话题、为司法形象提供负面典型。这种非法渠道的影响，就是经济问题造成的司法腐败。

对于政法干警而言也是如此。他们拥有着丰富的司法资源，掌握着大量的司法权力，因此经常成为被拉拢腐蚀的对象。我们看到，司法腐败成为近些年来经常出现在社会舆论场中的议题。对于直办媒体和司法自媒体而言，对司法腐败问题的自我披露、自我反省成为此类报道的主要框架，并通过对司法腐败分子的现身说法来达到对司法队伍加以警示和训诫的效果。

四、媒介权力的监督制约

对于公权力而言，媒介毫无疑问是一股强大的监督力量。在西方国家，媒介力量被视为立法、司法、行政之外的社会“第四权力”，发挥着监督公权力的重要作用，是维持西方政治生态平衡的重要因素。中国的情况不尽相同，在中华人民共和国成立之初，新兴的人民政权采取了由革命战争时期体制与苏联体制相结合的宣传体制。在著名的传播学先驱希伯特、彼得森、施拉姆等人合著的那本传播政治经济学经典著作——《传媒的四种理论》中，世界各国的新闻体制被划分为四种主要的理论形态：威权主义理论、自由主义理论、社会责任论、苏联共产主义理论。媒介是党和国家政权组织的一部分，扮演着组织者、宣传者、煽动者和教育者的角色，不具备任何独立批评政府或提供自由讨论论坛的可能性。

但是，中外有着各自的国情和特点，简单地对我国情况“标签化”实属牵强，更何况，随着党的执政理念的改变，中国的新闻实践早已发生巨大的变化。特别是改革开放以后，一方面，党和政府逐渐认识到，完全不允许批评的新闻体制对于政权本身并不见得是好事；而另一方面，为了经济改革的成功，一些体制内的包袱也必须甩掉，使其参与市场竞争。中国的新闻业最先承担了这样一种政治改革和经济改革的历史责任。我国新闻体制的改革最重要的特点就是引入了市场化的刺激，大部分的媒体经营权被放开，媒体要遵循市场原则参与竞争、优胜劣汰，即所谓的“外部断奶、内部搞活”。而与市场化形成鲜明对比的是，行政化的改革并没有那么明显，在大是大非的问题上，媒体被要求必须与国家保持高度的一致，于是，独具中国特色的“事业性质、企业经营”的媒介“二元体制”最终形成。在这种体制下的媒介组织，除了严肃的党媒以外，逐渐在激烈的市场竞争中找到了自己的定位，它们努力同政治保持距离，尽量不去触碰敏感的底线，但同时它们又因应市场的要求，通过代表某一群体的利益而获取话语的正当性。越来越多的话语权被争取，也意味着媒体获得了越来越多的监督权利和话语空间。这时，媒介权力开始对政治权力行使反向的渗透，并对政治权力在当前语境下的行使产生深远的影响。

按照社会控制论的观点，司法和传媒应该同是政治权力进行社会控制的工具，并且双方应有着相同的价值观，那就是对公共利益的维护。在计划经济年代传媒对司法是一种配合的关系，司法对社会进行硬性的控制，而传媒通过宣传和鼓吹为这种控制背书。但随着社会结构的转型，司法与传媒的关系出现了局部的抵牾。在现阶段，司法和传媒作为社会控制手段的功能和目的并没有根本改变，但是，由于传媒生态发生了变化，双方各自的立场和相互的关系则进行了相应的和必要的调整。现在，传媒不再是司法的简单背书者和配合者，特别是对于一些市场化、社会化媒体而言，它们与司法的关系变得更加平等，逐渐成为司法的批评者和监督者。

对于司法场域而言，媒体的威力在于它可以聚拢、裹挟、制造巨大的社会舆论，直接或间接传导到司法场域内部。这种影响，更多地体现在社会化媒体对司法场域本身的影响和渗透，左右了司法的实践，并最终影响了司法形象的塑造，可以说，媒介权力已经成为推动司法进步的一种不可或缺的力量。近些年，由媒体报道最终影响司法制度改进的著名案例不少，本书列出以下几个较具代表性的案例。见表 3.8。

表 3.8 近年来媒体报道推动司法进步的案例一览①

案件	媒介议程导向和舆论倾向	裁决结果	对司法制度的影响	对司法形象的影响
刘涌案	依法严惩	最高法提审，判处死刑	引发学界对司法独立的讨论	有争议
孙志刚案	严惩凶手 废止恶法	18 名责任人被判刑 23 名官员受处分	《城市流浪乞讨人员收容遣送办法》被废止	负面形象转向正面
彭宇案	彭宇蒙冤	和解结案	引发对证据认定及司法推理的争论，相关办案人受处分	负面影响
“躲猫猫”案	查明真相	相关责任人获刑	学界建议改革现有羁押监管制度	负面影响
杭州飙车案	应以危害公共安全罪定罪	交通肇事罪，3 年有期徒刑	最高人民法院出台《关于醉酒驾车犯罪范例使用问题的意见》；《刑法修正案（八）》增设“危险驾驶罪”	形象正面，司法回应民众呼声
邓玉娇案	邓应无罪或从轻处罚	故意伤害罪，免予刑事处罚	引起学界对媒介审判、舆论审判的讨论	有争议，正面大于负面
天价逃费案	判决过重	改判为 7 年有期徒刑并减少罚金	多部委联合开展收费公路专项清理	负面，丧失司法公信力
李庄漏罪案	法律人士、媒体、公众存在分歧	检察院撤诉	学界与律师群体建议落实律师法，修改刑事诉讼法相应条款	负面，司法受制于政治
药家鑫案	要求判处死刑	故意杀人罪，死刑	依法死刑存废争议	有争议

① 资料来源：部分来源于徐骏发表于《法学》2011 年第 12 期的文章《司法应对网络舆论的理念与策略——基于 18 个典型案例的分析》一文，本书在此基础上进行了修改和完善。

续表

案件	媒介议程导向和舆论倾向	裁决结果	对司法制度的影响	对司法形象的影响
高晓松案	严格依法判决	危险驾驶罪，拘役6个月，罚金4000元	为酒驾入刑树立司法标案	正面，法律面前人人平等
李昌奎案	依法严惩	云南高院再审，判处死刑	引起死刑存废及再审适用争议	有争议

从上表中，我们看到了媒体促进司法制度改进的一面，也看到了司法积极回应新闻监督和媒介舆论的一面。与此同时，媒体也存在着利用“话语霸权”进行“媒介审判”进而影响到司法独立的问题。

“媒介审判”是一个老生常谈的话题，但是不管在任何制度下、还是在任何时期内，媒介审判干预司法独立似乎又总是充满讨论的价值，特别是在司法转型、司法改革的当下。所谓媒介审判，魏永征指出：“超越司法程序抢先对案情作出判断，对涉案人员作出定性、定罪、定量刑以及胜诉或败诉等结论。媒介审判的报道在事实方面往往是片面的、夸张的以至是失实的。它的语言往往是煽情式的，力图激起公众对当事人憎恨或者同情一类情绪。它有时会采取‘炒作’的方式，即由诸多媒体联手对案件作单向度的宣传，有意无意地压制了相反的意见。它的主要后果是形成一种足以影响法庭独立审判的舆论氛围，从而使审判在不同程度上失去了应有的公正性。”①

应该说，魏永征对媒介审判的定义比较中肯和客观，他没有像其他学者一样强调媒介审判和司法审判的冲突性。在革命战争时期，以及中华人民共和国成立初期，当时的新闻媒体和审判机构同样作为社会控制的工具，有着同政治逻辑完全一致的行动方式，新闻媒体的提前审判往往是为了配合日后司法机关的审判工作，做好舆论的宣传和引导，同时体现党的领导在法治建设中的核心作用。而正如前文所讨论的，随着改革开放的进行，以及社会主义市场经济和依法治国方略的确立，媒体开始代表一部分公共利益和经济利益，而司法部门也更加按照法律的规定进行司法工作，虽然二者作为社会控制的工具性地位并没有发生实质性改变，但二者的运行显然更加体现自身行业的逻辑和规律。此时，

① 魏永征：《新闻法新论》，中国海关出版社2002年版，第209页。

媒介审判才同司法审判从过去的协同、配合关系转向对抗、冲突关系。

近些年来，媒介审判问题日趋严重。“药家鑫案”“许霆案”“李天一案”“刘涌案”“张金柱案”“邓玉娇案”等等，但凡引起社会舆论广泛关注的案件，几乎都存在着媒介审判的问题。邓玉娇作为一名弱女子面对侮辱和侵犯而杀人，媒体将其塑造成一个不畏强权的烈女形象，却忽略了其杀人的事实，最终法院对其免予处罚；李天一第一次进入公共视野，是因为无照驾驶和寻衅滋事，媒体因其特殊身份为其贴上“官二代”“星二代”的标签，北京市公安局惮于舆论压力，不经法院审判直接将其拘留教养。

司法人员也是社会成员的一分子，无法独立于社会而单独存在。因此，在办案的过程中，特别是面对一些社会影响较大的案件，司法人员所衡量的已经不是案件本身的法律适用，而必须注意到对社会的引导问题。如果媒体此时开足马力，进行超前审判，进而激发公众舆论的声援，司法人员就要考虑自己的处理、判决与舆论的要求是否一致，如果不能达成一致，大多数人就会选择沉默和顺从。也就是说，传播心理学中常用的“沉默的螺旋”概念，在司法场域是同样适用的，其结果就是司法审判常常要屈就于媒介审判。

但是，我们应该看到，不管媒介对司法的影响是正面的，抑或是负面的，这种影响和渗透都是毋庸置疑的，但是媒介对司法场域的渗透，并不是直接的，而必须经过政治权力的传导。媒介本身的力量还不足以让司法部门产生如此大的重视，毕竟，在我国的媒介体制和传播环境的客观限制下，媒体并不能发挥出最大的监督功能。媒体的功能之所以强大，在于它可以裹挟、聚合、扩散社会大众的声音，在于它可以为社会大众设置关注的议题，在于它可以影响甚至决定社会大众的思考方式。只有当媒介舆论和社会舆论在同一问题上形成一致与合力，两者互相促进，互相借力，才能真正形成一股令司法部门无法忽视的重要力量。

当然，即使是媒介舆论和社会舆论形成合力，司法场域所感受到的压力也并非直接来自舆论场，而更多的还是来自政治权力。我国司法体制的特点决定了司法工作必须考虑政治影响。当有着重大社会影响的案件发生时，媒体裹挟“民意”汹涌而来，最先感受到压力的是党委和政府以及上级司法主管部门。因为，当前社会的实际情况是，任何一件重大的社会案件都不仅仅是一个单纯的司法问题。如果处理不当，很可能会升级为关乎社会稳定的政治问题。也只有通过党委和政府、上级司法主管部门，舆论的压力才能传导到相对独立的司法场域中。

发生在河南的“天价过路费”案就是一个典型的例子。2010年，该案被媒体曝光，引起舆论关注，同年12月21日，平顶山法院判处当事人时建峰无期徒刑。判决一出，引起舆论的广泛质疑，媒体纷纷认为在缴纳罚款的前提下量刑过重。最终，河南省高院没有顶住压力，于2011年1月16日召开新闻发布会，宣布平顶山中院会对案件进行重审，并对相关责任人进行了处理。显然，重审来自媒体的质疑，而实际上，正是因为舆论的压力，使上级法院越俎代庖启动了重审程序。而对法官的追责就更值得商榷，法官进行独立办案，案件办理的质量高低并不是舆论所能判断的，而法官失职与否则有着一套完整的司法评定程序。每个法官都有可能从不同的法律条文中找到支持自己判决的理由，对法官判决的评判绝不能如此简单粗暴。河南省高院的行为显然是为了应对压力、展示姿态而作出的政治考量，是以行政手段干预了司法工作的独立性。

不容否认的是，媒介权力对司法场域的影响和渗透已经越来越明显。随着媒体监督获得更多的话语空间，司法部门所面对的舆论和政治压力也会越来越大。但是，如果司法部门不能顶住压力，坚持按照司法逻辑进行独立办案，即使一时顺应了舆论，从长远看，却会给司法公信力和司法形象带来极大破坏。这是因为，一方面，司法部门迫于舆论进行了前后不一的审判，并不见得就能“讨好”舆论，反而会造成不坚持原则的印象；另一方面，司法部门如果一味迁就社会舆论，则有可能被所谓“民意”和“舆论”绑架，其结果都不利于独立、专业的司法形象的形成。那么，媒体究竟是如何进行司法报道进而塑造司法形象的？面对嘈杂的公众舆论，媒体是否做好了民意的梳理者和传达者的角色？是否起到了公众意见、政治权力和司法机关三方间沟通者的作用？在司法改革的大背景下，媒体的介入和参与究竟是否有助于司法改革和司法转型？我们将在下一章中，通过对更多公共媒介新闻实践的探究，找寻问题的答案。

第四章　综合性媒体对司法形象的再现

第一节　对“综合性媒体”的界定以及研究对象的确定

一、“综合性媒体”的界定

不同的新闻媒体出于不同的出发点，往往在形象再现的过程中会使用不同的立场、视角、报道框架和话语体系，从而最终呈现出的报道和再现出的形象会出现较大的差别。我们对司法形象新闻再现的研究，应该尽可能地包括现阶段我国所有性质的媒体类型，从而还原出一个真实全面的司法媒介形象。

在前文中已经介绍过，本书把政法媒体从各类性质和观点立场的媒体中抽离出来进行研究，而将其余的媒体作为“综合性媒体”加以分析。这是因为，政法媒体的主办者是司法机关本身，作为司法“喉舌”，其主要功能是进行司法系统内的政治沟通和司法系统外的司法宣传，目的是维护司法机关的利益、展示良好的司法形象。因此，其公共性的色彩和属性要相对单薄。而其他媒体则将公共性作为自身的天然属性，即使是党报、党媒，也越来越关注于对公共议题和公民利益的回应，以此来梳理和整合社会舆论和主流意识形态。这正如麦奎尔所说，媒介无论是出于设计或者偶然，都服务于“公共利益”或者“整体福祉”。

因此，本书将“政法媒体的再现”和“综合性媒体的再现”分为两个章节分别加以观察。是为了强调前者作为纯粹司法系统形象宣传和政治沟通的工具完全受控于司法系统本身，其形象的再现是一种高度忠实于组织意志的再现。

更重要的是，对于司法直办媒体和司法自媒体而言，其内容生产的逻辑是不同于其他媒体的，其编辑部场域的控制力量也有着较大的不同，为了突出这种区别和不同，故独立一章进行分析。而在本章中，研究的重点放在了并不受司法系统直接管理的综合性媒体上，它们的内容生产背后则遵循的是另一套不同的逻辑，呈现出另一番权力争夺的景象。

而对于综合性媒体，由于媒体所持的观点、立场和所代表的社会群体的不同，又大致可以分为三类。我国的公共性媒体可以分为权力主导媒体、公共利益媒体和市场主导媒体。通过接下来对三类公共性媒体在司法议题上的研究，可以发现，同司法主体媒介一样，三者所采取的报道立场和价值倾向的确存在着明显的差异，有着符合自身媒体定位的鲜明特点。

当然，这里还应该指出的是，公共利益媒体和市场主导媒体只是根据各自媒体的定位而采取的临时性叫法。两者之间并不存在排斥的关系，公关利益媒体也必须走市场化的经营道路，市场主导媒体同样要在一定程度上承担起舆论监督的责任，只不过两者之间，不同媒体有不同的侧重点而已。

另外还需说明的一点是，在对公共性媒体报道的实证分析环节和编辑部场域的权利分析环节中，主体性媒介也将适时地回归，同公共性媒体的情况作出对比。

二、研究文本的搜集方法

在文本搜集的问题上，对三类媒体报刊的选取同《法治日报》有着明显的不同。对于这三类报刊而言，综合性是其基本特征，其报道议题自然涵盖了社会、生活等领域的方方面面，司法话题虽然有着很高的比重，但毕竟只是其中的一部分而已。这一点不同于《法治日报》等司法直办媒体，司法报道是报纸的立报之本，所占比重自然非常的高。因此，在《法治日报》研究中所采用的构造周的抽样方法显然不适用于以上三家综合类报刊，此方法导致的结果是样本量过少，不具备概括价值。

最终，笔者运用以下原则进行了稿件的选择和搜集：

1. 在选取时间上，截取本轮司法改革启动两年内的新闻稿件占据绝大多数的比重，但仍然会兼顾之前几年的热点事件的新闻报道，以此来观察在近些年司法改革背景下，媒体再现司法形象的脉络。

2. 选取的媒体上，笔者尽量选择在各类型报刊中有着广泛影响力和社会知名度的报纸，包括《人民日报》《南方周末》《中国青年报》《南方都市报》《新京报》《京华时报》（于 2017 年 1 月 1 日停刊）、《法制晚报》（于 2019 年 1 月 1 日停刊），这些报纸的受众群体几乎涵盖了目前我国报纸阅读群体的主力。

3. 体裁上兼顾消息、通讯、评论。特别注重对新闻评论的搜集。

4. 在题材上，则着重对能够反映和塑造司法形象的新闻报道进行整理和搜集。首先，是注重选择对焦点事件的报道和评论，这是因为能够引起广泛关注的焦点事件更能够反映出媒体的观点立场，也能够加强媒体对司法形象的再现效应；其次是尽量减少对司法会议、领导讲话、决策部署的传达性报道的搜集，但是会注重对其评论的选取；最后，有很多案件报道着力于对细节的描述，司法机关及其行为只是作为背景化的伴随信息，此类报道与司法形象再现无涉，也一概不收入此次的研究样本中。

最后，根据以上标准挑选出的新闻报道，成为最终的研究范围。具体的篇数是《人民日报》184 篇、《南方周末》93 篇、《中国青年报》111 篇、《京华时报》121 篇、《新京报》116 篇、《法制晚报》216 篇。

三、研究对象的确定

本文选择《人民日报》《南方周末》《京华时报》分别作为权力主导媒体、公关利益媒体、市场主导媒体的代表和本研究的主要研究对象，搜集到的其他报刊的报道作为辅助材料。

《人民日报》作为中共中央机关报，是全国最有影响力的第一大报，其所处的政治地位和在舆论场的主导地位自然毋庸赘言。选择《人民日报》作为党报的代表，主要是考虑到其中央党报的性质，可以保证其成为政治权力所主导的主流话语的最佳代言人，其对司法的态度以及对司法形象的展示方式，无疑最能够代表政治权力对司法的态度和观点，最能反映政治权力希望展示的司法形象，最能勾勒出政治权力与司法场域之间的关系和距离。

本书所论及的公共利益媒体，主要是指具有鲜明的社会责任特征的、以代言和维护公共利益为己任的媒体，以“让无力者有力，让悲观者前行”为办报宗旨的《南方周末》无疑是此类媒体的典范。同时，在中国的新闻语境下，公共利益媒体也是新闻专业主义媒体的代名词。

《京华时报》是市场主导媒体的代表。市场主导媒体是随着20世纪90年代新闻改革而应运而生的，作为报刊来讲，市场化媒体的典型代表就是种类繁多的都市报。都市报以服务市民为己任，目的是占据更多的市场份额，其新闻报道的特点是“软些、软些、再软些”，“短些、短些、再短些”，“广些、广些、再广些”。

笔者对《人民日报》的184篇、《南方周末》的93篇、《京华时报》的121篇报道和评论展开了深入的内容分析和话语分析。其中，在相关实证研究中，编码工作由两个编码员共同完成，根据霍尔斯蒂（Holsti）提出的信度测试公式进行测算，整体信度为0.912，符合研究要求。

第二节　综合性媒体对司法形象的再现——以《人民日报》《南方周末》《京华时报》为例

一、报道策略分析

（一）正面报道、负面报道、中性报道所占比重

在《人民日报》的184篇报道中，正面报道84篇（45.7%）、中性报道72篇（39.1%）、负面报道28篇（15.2%）。

在《南方周末》的93篇报道中，正面报道30篇（32.3%）、中性报道42篇（45.1%）、负面报道21篇（22.6%）。

在《京华时报》的121篇报道中，正面报道56篇（46.3%）、中性报道35篇（28.9%）、负面报道30篇（24.8%）。

表 4.1　三家报纸司法报道的正面、负面、中性报道情况

报道属性	媒体					
	《人民日报》		《南方周末》		《京华时报》	
	报道篇数（单位：篇）	所占比例	报道篇数（单位：篇）	所占比例	报道篇数（单位：篇）	所占比例
正面报道	84	45.7%	30	32.3%	56	46.3%
中性报道	72	39.1%	42	45.1%	35	28.9%
负面报道	28	15.2%	21	22.6%	30	24.8%

从表 4.1 的统计中，可以发现，所有类型的媒体报道，仍然是以正面报道居多，负面报道占少数，这体现了政治权力对于中国媒体的报道行为的规制作用，但是，正如之前我们在对《法治日报》的研究中发现的，负面报道不一定就只能再现负面的形象，正面报道、中性报道在形象再现的过程中也需要具体问题具体分析。这是因为，文本包括表层文本和深层文本，后者虽依附于前者，但可能会呈现出同一文本的不同解读，因此，对于三类报刊真正的报道倾向，还需要在后面的话语分析中加以深层解读。

但是仅仅是通过数据我 们也可以发现一些问题。例如在《人民日报》的报道中，负面报道虽然仍占弱势，但也达到了 15.2% 的占比，比《法治日报》仅 4.2% 的负面报道比例已高出不少。这一现象说明了，相对司法机关自家的机关报，代表党的利益的《人民日报》明显加强了自己对司法体系进行媒介监督的功能。

（二）案件报道所占比例

在《人民日报》的 184 篇报道中，案件报道共 66 篇（36%）、非案件报道共 118 篇（64%）。

在《南方周末》的 93 篇报道中，案件报道 43 篇（46.2%）、非案件报道 50 篇（53.8%）。

在《京华时报》的 121 篇报道中，案件报道 63 篇（52.1%）、非案件报道 58 篇（47.9%）。

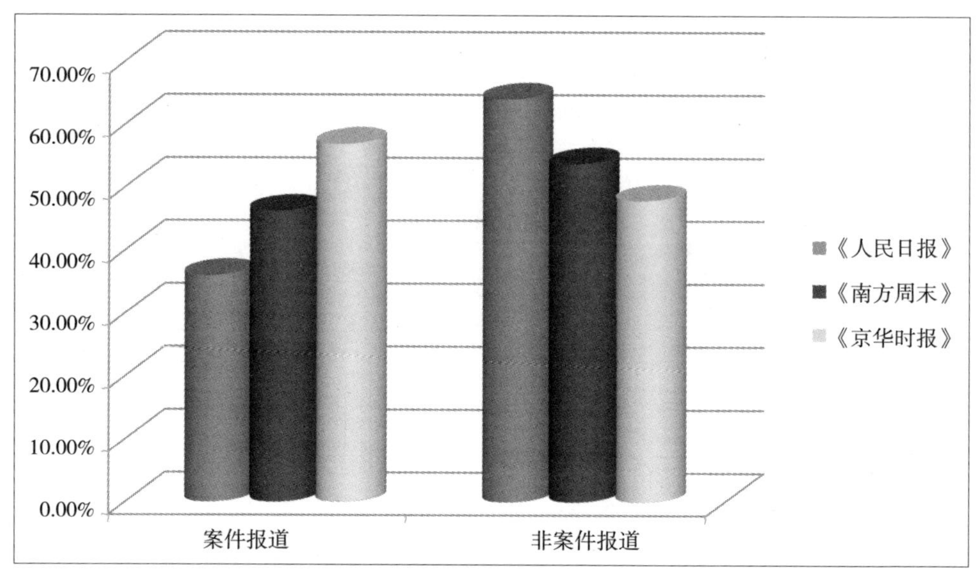

图 4.1　三家报纸司法报道中案件报道比例

在案件报道的比重这一问题上，各家媒体呈现出了一定程度的分化。《人民日报》的案件新闻最少，这与其报纸更注重宏观问题有关，作为政治权力的“自留地”，《人民日报》还承担着对中央的司法工作精神、部署、指令的宣传任务，大量的政治报道任务也挤压了案件报道的空间。而对于《京华时报》这一市场化程度很高的都市报而言，其案件报道的比例占一半，如果不是笔者在样本选择的标准上把关较严格，把只将司法机关和司法裁决作为背景的、与展示司法形象无关的案件新闻排除在外的话，其比例还会更高。这一点说明案件新闻蕴含了更多的冲突和看点，是迎合受众阅读需求的重要保障。

（三）案件报道的情况

我们根据案件新闻所报道的案件性质，将其分为刑事案件报道、民事案件报道、行政案件报道三种类型，从中可以在一定程度上反映出在案件报道中的司法形象诉求。

在《人民日报》所有案件报道中，刑事案件报道 43 篇（65.2%）、民事案件报道 16 篇（24.2%）、行政案件报道 7 篇（10.6%）；

在《南方周末》所有案件报道中，刑事案件报道 21 篇（48.8%）、民事案件 16 篇（37.2%）、行政案件 7 篇（14%）；

在《京华时报》所有案件报道中，刑事案件报道 39 篇（61.9%）、民事案件 21 篇（33.3%）、行政案件 3 篇（4.8%）。

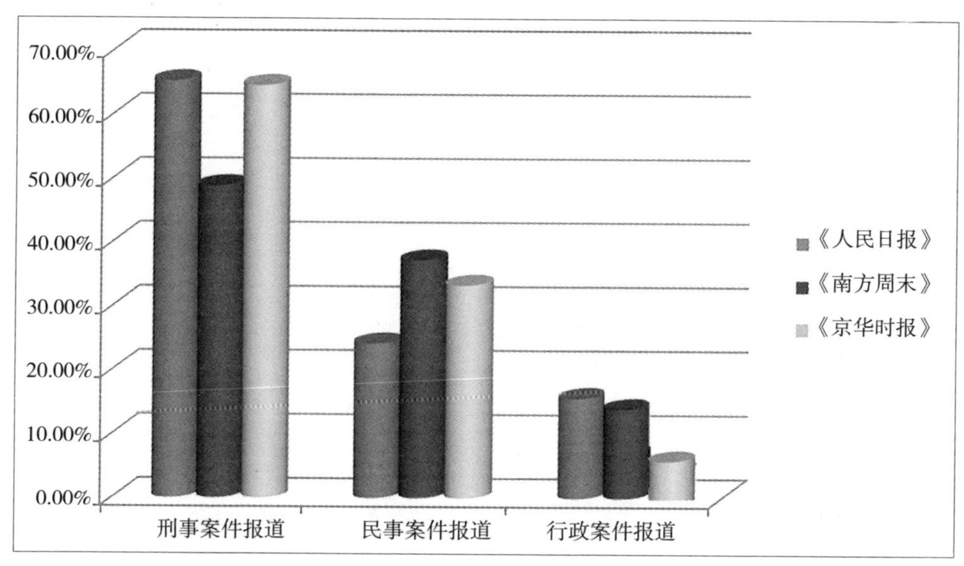

图 4.2　三家报纸案件报道中刑事、民事、行政案件比例

可以看出，在现阶段，刑事案件再现的正面形象仍然是我国媒体对司法形象再现的主流，不管是《人民日报》《京华时报》对刑事案件的报道都展示了司法机关打击犯罪、惩恶扬善的形象。问题是，在有些情况下，刑事案件报道的比重过大而挤压了其他案件的报道呈现，这尤其体现在市场化媒体的新闻呈现当中。刑事案件本身包括了凶杀、强暴、抢劫等多种暴力犯罪形式，司法报道以案件报道为主、案件报道以刑事案件为主的报道策略，可以最大限度地吸引受众眼球，这是市场化都市报在经营压力下所作出的符合市场逻辑的选择。而在《南方周末》为代表的严肃媒体中，在刑事案件为主的前提下，相比于《人民日报》《京华时报》等权力话语报刊以及都市报等市场化报刊，民事案件的报道比例明显提升。在民事案件中，司法部门所表现出的形象多是经济纠纷的裁决者、市场经济的保驾护航者、合法经营主体的利益维护者，也从另一个角度诠释了司法公正的正面形象，这是在其他媒体的形象再现中所缺失的。

（四）非案件报道中的宏观议题

非案件报道中的宏观议题很多，本研究将其粗略地划分为党的领导、依法治国、改进工作、司法改革、司法腐败等类目。

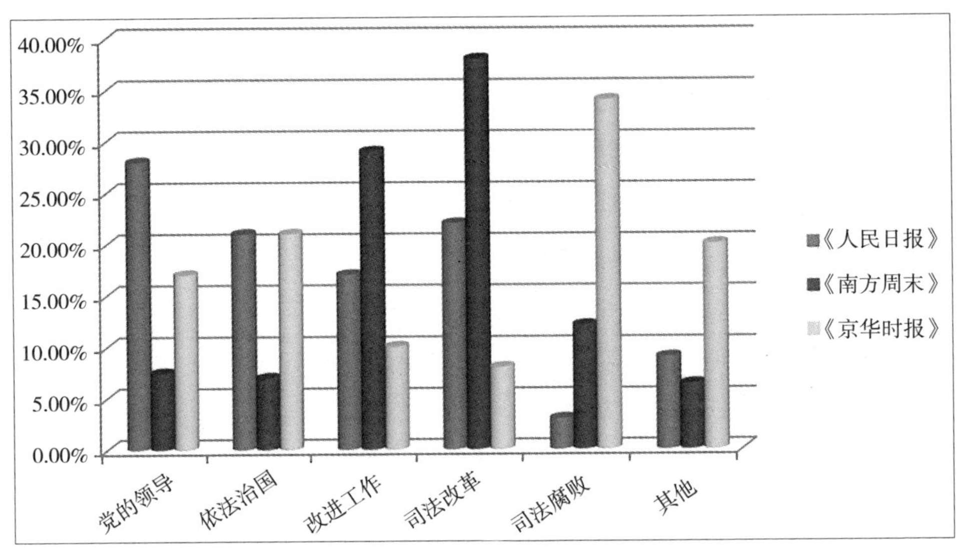

图 4.3　三家报纸在非案件报道中的议题情况

根据数据显示，党的领导、依法治国、改进工作、司法改革成为党媒所重点关注的宏观议题。特别是加强党对司法的领导，既是重要议题，同时也是一切报道的前提和党报的根本观点，带有明显的意识形态属性。“依法治国”是执政党一直以来所强调的治国理念，由于党的高度重视而自然成为中央党报的重点话题，同样具有很强的意识形态属性。而司法改革、司法工作的改进以及相关制度的完善则是《人民日报》和《南方周末》共同关注的话题，体现出政治权力和社会权力在这一事关社会进步的重大议题的重要性的共识。至于观点是否能够达成共识，则需要对文本进行细读和分析。

比较而言，《京华时报》虽也开办了“法治”专版，但其对司法问题的关注却更多地反映出其都市报的定位和特征。报道除了对中央司法机关的举措进行转载外，更多地纠缠于对个案的报道，而这些个案也大多以猎奇为主，缺乏具有社会意义和法治意义的典型案例。对于权力主导媒体和公共利益媒体所共同关心的司法改革问题，《京华时报》表现出一种“弱参与”的姿态。可以说在大部分的时候，对于敏感、重大议题，《京华时报》采取了某种“绕着走”的报道策略。而《京华时报》内容上所展现出的突出特点则是事关司法腐败的报道很多，大多是对落马的司法官员的“丑闻报道”，甚至不乏逸事和“八卦”，这显然与普通民众对此类问题更加关注有着密切关系。

（五）信源统计

研究排除对领导发言和重要会议的报道外，在一般性的消息和通讯中，研究对其信源进行了统计。结果显示，《人民日报》的 184 篇报道中的 303 处消息来源中，精英阶层占据了绝对的比重，其中代表官方的政法干警信源 197 处，法律专家和法律学者 66 处，案件当事人及代理律师 26 处，普通群众和网友 14 处；《南方周末》93 篇常规报道中，共有信源 255 处，其中政法干警 108 处，法律专家和学者 73 处，案件当事人和代理律师 54 处，普通群众和网友 20 处；《京华时报》121 篇常规报道中，消息来源 298 处，其中政法干警 157 处，法律专家和学者 41 处，案件当事人和代理律师 64 处，普通群众和网友 36 处。

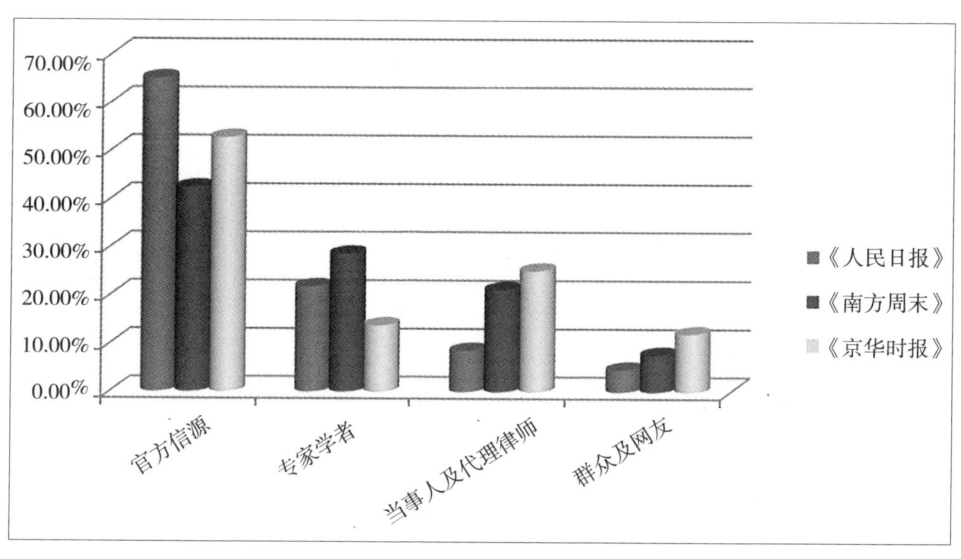

图 4.4　三家报纸司法报道中的信源统计

通过图 4.4 可以明确看出，官方信源是不管哪一类型的报刊都必须依赖的重要消息来源。但对其他信源的选择上，则表现出各自的媒体倾向。《人民日报》中，法律专家、学者“配合”政法干警共同组成了司法精英群体，占据了主流话语权，存在着明显的“话语霸权”，这一情况与政法媒体的信源构成非常相似。而在坚持专业主义操作规范的《南方周末》所营造的舆论场中，当事人和代理律师的话语分量得到了明显的提升，当然，相比起精英话语，非精英群体的群众和网友仍处于弱势地位，但是这种差距不如党报和司法机关报那么明显，新闻专业主义要求下的信源均衡和双方出场保证了社会话语体系的公共空间。

当然，正如前文所说，实证研究下的信源统计只能够使人大致地了解信源的选取情况，即“谁在说”，但并不能反映“说什么”的问题，从而也无法反映出作者的主观立场和报道倾向。

（六）报道体裁

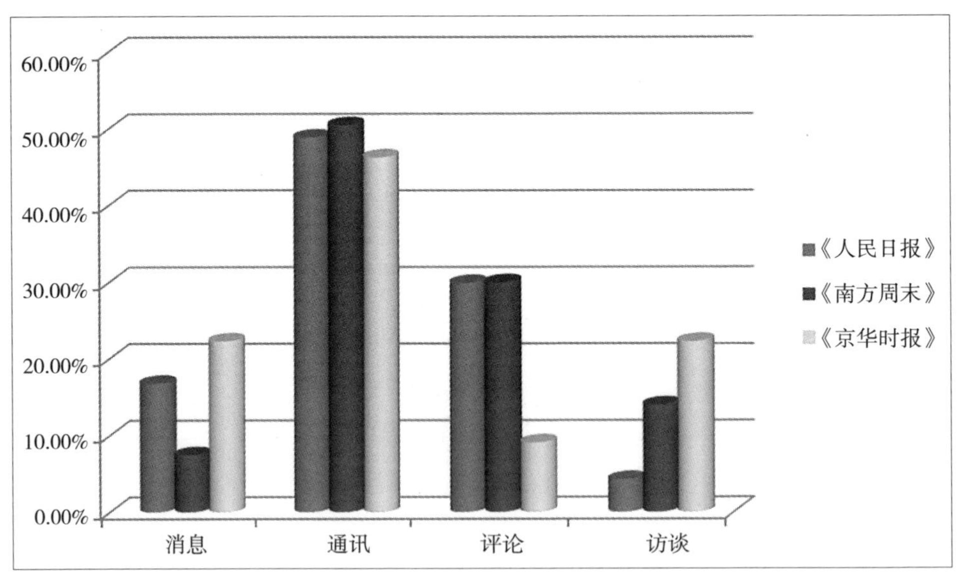

图 4.5　三家报纸司法报道的体裁分布

需要指出的是，本书中所做内容分析的对象并不是严格意义上等距抽样或随机抽样选择的文本，而是经过笔者的主观挑选。因此，消息所占比例较低的原因，跟笔者选择标准有关，因为笔者认为简短的消息不能够很好地具备再现司法形象的文本功能，这并不意味着在司法报道中，消息的比例就一定很低。而事实上，在《京华时报》《法制晚报》《新京报》等都市报的司法报道中，消息是经常使用的新闻体裁，这当然与都市报对新闻报道“短、快、灵”的要求有关。

通讯具有严格的真实性、报道的客观性、较弱的时间性、描写的形象性、议论的浓重性等特点，是再现司法形象的重要体裁类型，三家报纸都非常重视对通讯体裁的使用。

相比于消息和通讯，评论更能集中体现出记者和媒介所持的观点和立场，是一个媒体责任感的体现。虽然说“文本即意识形态”，但消息和通讯等体裁还不能直截了当地表达媒介的意识形态诉求，而只能将其观点隐藏于文本之中。但评论则不同，作者可以在评论中畅快地表达自己的观点、态度甚至情绪，在一定程度上说，评论就是对媒介所持意识形态的表面化和公开化。因此，对于司法形象的再现而言，评论有着更加重要的研究价值。

对于社会化媒体而言，加强新闻评论一直都是报纸建设的目标，这些评论并不一定来自报社所雇佣的新闻记者，还有可能是法律专家、法律工作者甚至是普通读者。一方面，报纸需要为社会大众留出足够的话语空间，让他们的观点和情绪有一个合理的表达和宣泄的渠道，从而形成一个准官方的公共领域；另一方面，有些记者不能说、不便说的话，可以通过他人之口，以“读者来信”的形式表达出来，这也是新闻记者的一种“临场发挥”和打“擦边球”。当然，报纸这样做也在有意无意间强化了自己作为公众利益代言人和维护者的媒介形象。

二、话语策略分析

在上一章中，我们通过话语维度的分析还原了《法治日报》对司法形象的再现框架。在这里，我们仍将使用这种分析方式，通过比较的方式，来勾勒以《人民日报》为代表的党报、以《南方周末》为代表的严肃类社会化报刊以及以《京华时报》为代表的都市类市场化报刊在信息再现时所选取的报道框架。

表 4.2　三家报纸司法形象再现的话语维度

类目	媒体		
	《人民日报》	《南方周末》	《京华时报》
意识形态诉求	强调党对司法工作的绝对领导，以及推进依法治国的坚强决心	司法应为人民服务，应以公共利益为重	既不刻意强调司法的党性也不刻意强调司法的人民性，意识形态诉求不强烈
结构框架	司法工作在党的正确领导下，代表和维护了人民的利益，司法改革持续推进，法治建设卓有成效	承认党对司法的领导，肯定司法改革的成绩，但必须进一步改革司法体制中的不合法、不合理、不公平现象	承认司法的绝对权威，调查报道不突破司法部门给出的结论框架，冤假错案等报道采取以平民化叙事和受难者为中心的框架
隐喻（形象再现）	党的意志的执行者、依法治国的实践者、人民权益的维护者、犯罪行为的打击者	总体上是司法改革和司法进步的实践者，但有时存在人治大于法治的问题，从而成为法治精神的破坏者	总体上是积极正面的形象，以及背景化、模糊化、虚无化的形象
议题设置	按照党的工作部署和司法工作重点设置，能够一定程度上回应社会热点和公共议题	一方面按照社会热点和公众议题设置，题材必须是有建设性的；另一方面对司法进程的长期关注使其了解司法改革中的难点、要点，并据此安排议题	遵照党的宣传方针，遵照市场规律，按照社会热点和受众需求进行设置，但题材不一定具有建设性
主要信源	党和司法高层、政法干警、法律专家	公共知识分子、案件当事人、普通公众	官方、案件当事人
主要原则	党性原则	公共利益	市场规律
媒体立场	对司法工作采取俯视和审视的立场	司法进步的记录者、司法工作的监督者、司法改革的建言者、司法不公的批评者	立场不明显，根据具体事件采取不同的报道立场
报道视角	记者以全知视角为主	记者全知视角 + 当事人视角 + 司法机关、干警视角	记者全知视角 + 当事人视角

续表

类目	媒体		
	《人民日报》	《南方周末》	《京华时报》
典型报道	任长霞、中央政法工作会议、依法治国、司法改革等	聂树斌案、念斌案、呼格案、河南警务改革等	呼格案、赵作海案、四中全会公报解读等
典型话语	“把党的领导贯彻到依法治国的全过程，我们就一定能完成好执政使命，建设好法治中国”“坚持党的领导，依规管党治党，为全面推进依法治国提供根本保证”“8年历经8次审判，4次被判处死刑，如果不是最高人民法院收回死刑复核权，恐怕他早已殒命……”“心系人民、植根人民、服务人民是公安机关的优良传统，公安工作是服务群众的一线，也是践行党的群众路线教育实践活动的窗口”等	“公众最担心的还包括：会不会不了了之，或者抓几个替罪羊了事？有前车之鉴”“最后是，问责是否公开？还是不了了之？”“透过这场新闻发布会，我们着实感受到了省高院纠错的魄力，但更多的，却可能是不当程序对法定的法官职业保障和上下级法院关系的破坏”等	“听完以后，赵作海沉默半晌，最后抑制不住地涕泪横流，失声痛哭”“2005年，尚爱云听闻一则消息，身子不由打了冷战”“在具体路径上，兹事体大的司法改革，既需要中央的‘规定动作’，也需要地方的积极探索”等

上表所做的描述，是笔者对所掌握的报道内容进行反复研读后进行的总结，基本体现了以三家报纸为代表的各类型媒体在司法再现议题中所采取的基本框架。但是，如果研究进行到此，还显得过于粗浅和宏观，不能够细致剖析在报道过程中各家媒体所采取的细微手法。话语分析要求研究必须深入到文本的结构、语言层面，结合具体的新闻文本进行更加深入的话语分析，使我们能够更好地解读以下问题：1. 媒体的立场、态度、观点、倾向如何通过文本表现出来？2. 媒体对司法形象的展示如何与媒体的意识形态诉求相统一？ 3. 这种形象再现和意识形态诉求又与媒体的体制、性质、遵循的经营逻辑、从业者的职业操守保持着怎样的关系？我们依然将通过对文本结构和信源分析两个话语维度的考察，以及结合话语分析和实证分析结果而作出的适当补充来进行更加厚重的描述。

（一）《人民日报》的话语策略分析

1. 文本结构强调党对司法工作的领导，党是依法治国、司法改革的有力推动者

同《法治日报》一样，《人民日报》多数报道的文本结构也遵循着关联性原则，"倒金字塔"是权力话语体系中新闻报道的主要写法。特别是对重要议题的报道中，"倒金字塔"的优势非常突出，这种写法保证了事件的主体被置于最重要最突出的位置，暗示了主体的领导地位，从而使文章结构和事件结构在重要性上相一致，形成表层和深层两个文本的统一。

但与《法治日报》的操作不同的是，《人民日报》的报道中，被置于文本和意义最高层级的"党—司法"联合出场的模式被"党的领导"所替代。也就是说，"司法"的地位在《人民日报》的报道框架中被降格了，它不再具备统摄全文的最高地位，也失去了实践意义上的主导地位，反而成为支持"党的领导"地位的事实基础和有效依据。

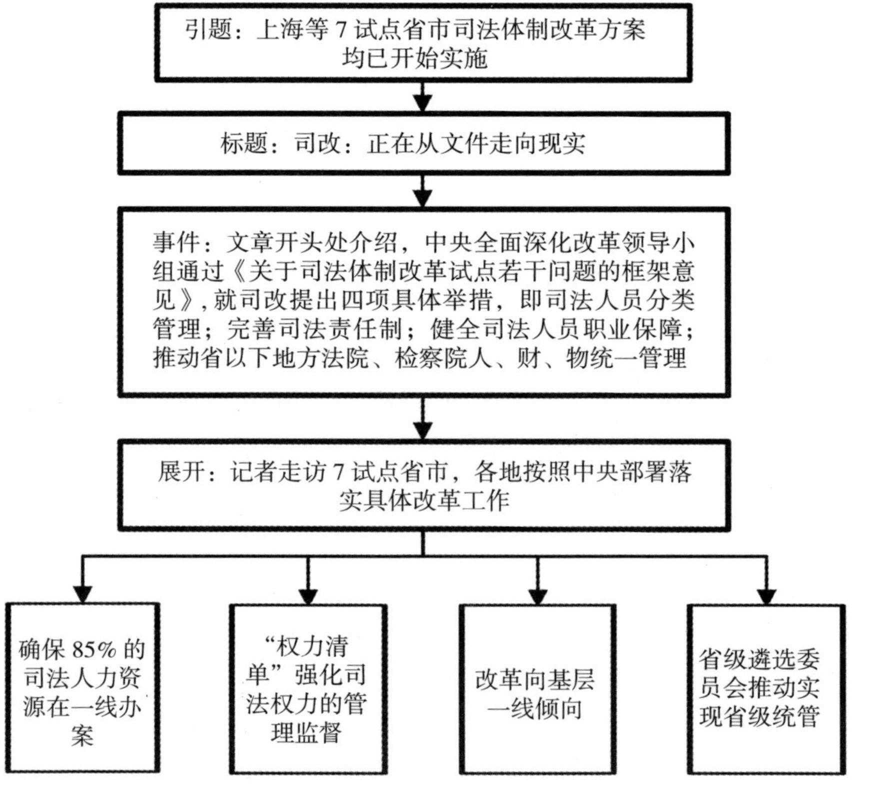

图4.6　通讯《司改：正在从文件走向现实》的文本结构图示

这是一篇典型的《人民日报》式的报道样式。文章的主题当然是介绍上海等7省市司法改革的成果，但在文章的一开头，即提出：中央全面深化改革领导小组第三次会议审议通过的《关于司法体制改革试点若干问题的框架意见》，提出四项具体司改措施，完善司法人员分类管理、完善司法责任制、健全司法人员职业保障、推动省以下地方法院检察院人财物统一管理。

这就把司法改革的具体实践置身于党中央的统一指导之下了，党的会议提出关于司法改革的四个方面的意见，而文章接下来正是从这四个方面展示了司法改革的成果。虽然在其后的文本中，党中央再未出场，但这丝毫不影响党管司法、党领导司法改革的意义诉求。

同时，从《人民日报》司法报道标题的句式风格上也可以反映出党的绝对领导权威。所谓句式，就是组织句子的模式。现代汉语中，句式主要分为祈使句、疑问句、陈述句、感叹句，不同的句式传达着不同的语气和态度。《人民日报》的司法报道中，经常使用祈使句这一句式作为报道标题，例如：《加强公益诉讼，检察应当强起来》《热点案件应加大公开力度》《公安不得插手经济纠纷》《检察机关要做“悬崖边的守卫者”》《检察权必须接受人民监督》。

祈使句是一种命令句式，具有明确告知“应该做什么、不应该做什么”的功能，体现着说话人的权威。在新闻报道中，标题起到总领全文、概括全文的重要作用，大量采取祈使句作为报道标题，也从一个侧面说明了党对司法工作的绝对领导地位。

《人民日报》的这种报道结构和话语风格，显然符合其作为中共中央机关报的地位，符合其作为党中央喉舌的定位，而司法部门作为党实现治国理政的重要工具，自然应该置于党的领导地位之下。

除了通过巧妙的结构设计和句式风格来表现党的领导地位，《人民日报》还会以更为直接的方式来强调这种领导，那就是把党作为依法治国、司法改革的谋划者、领导者、推动者的形象作为报道的中心议题不加任何隐晦地再现出来。例如：《把党的领导贯彻到依法治国全过程》《党的领导是中国特色社会主义法治最根本的保证》《坚持党的领导 依规管党治党 为全面推进依法治国提供根本保证》《坚定不移走中国特色社会主义法治道路》。

《人民日报》的司法议题主要是集中在法治中国、依法治国、司法改革上，这些都是宏观课题，必须在党的推动下才能得以顺利进行，作为中共中央机关报，为党的领导做好宣传和阐释是其工作的中心任务。在《人民日报》的新闻实践中，司法部门即使作为报道主体，更多的也只是执行者的角色。这样的安排给人一种暗示：党谋划全局，代表了依法治国和司法改革的正确方向，司法部门必须对党的决策、部署认真落实，不得出现偏差，如果落实得好、执行得好，那么司法形象就是正面的；反之，司法形象就是负面的。于是，司法形象的正面展示被用来服务于展示党的正面形象，司法正面形象是党正面形象的有力注脚。

2. 以司法高层、政法干警为主体的消息来源体现精英式的话语霸权

《人民日报》最重要的话语来源，主要是政法高层和政法干警，可以说，这是最令权力体系信赖的“自己人”。以司法权力精英作为主要的消息来源，是包括《人民日报》和《法治日报》在内的权力话语媒体的共同特征。选择不同的消息来源，在不同程度上反映了媒体所站的不同立场，大量采取权力精英话语，显然使报道具备了浓厚的官方色彩。

通过内容分析，我们发现司法精英的信源占到《人民日报》司法报道总体信源的70%以上，这与张宁、夏倩芳、张明新等学者关于《人民日报》官方信源所占比重的研究结果大致相当。当然，权力精英作为信源主体本身并没有太大问题。政治精英、司法精英占有着大量的信息资源，这些信息又具有相当的权威性和可靠性，同时，由于本身所具备的职务优势和知识优势，权力精英们往往也拥有最合法和最合理的解释权，再者，权力精英一般都接受过良好的教育、有着较好的表达能力，不管是任何媒体的新闻记者为了报道的准确和权威，采用官方信源都是通行做法。即使是其他社会化、市场化媒体，官方的信源依然占据了优势地位，只不过比例不及主导话语媒体那么高。

但是，如果过度依赖官方信源和精英话语，就会过分挤压其他话语空间，从而导致报道的失衡，媒体就会失去自己的立场，但这种情况在《人民日报》的报道中则不会成为问题。因为，《人民日报》的立场和党的立场是高度一致的，

《人民日报》就是要用压倒性的官方话语来表现自己的倾向性。

于是，我们对《人民日报》的信源进行研究时，就要把目光重点锁定在非官方信源所起到的作用以及与官方信源的关系上。具体到司法报道，这些非官方信源主要分为律师、法律工作者、法律学者所组成的法律专家，以及案件新闻中的当事人和代理律师，还包括普通民众和网友。我们将通过两篇引语直接作为标题的司法报道来进行分析。

在《“我的案件我负责”》这篇报道中，记者选择了司法部门领导和法律专家两方面的消息来源，具体如下：

引题：推行办案责任制

标题：“我的案件我负责”（引语：检察官施华平，指明了文章的核心思想）

事件1：上海市法官、检察官遴选（惩戒）委员会成立。

引语1：“委员会的职能主要有三个方面：一是遴选法官、检察官；二是对高级别的法官、检察官择优选升；三是对法官、检察官严重违纪行为提出惩戒意见。”（上海市司改试点推进小组办公室主任王教生，对事件1的具体介绍）

引语2：“推动省以下法院检察院人财物统一管理，有助于破除司法地方化，保障司法机关依法独立公正行使审判权。”（中国政法大学副校长马怀德，对事件1的意义进行了阐释）

事件2：最高人民法院公布了《人民法院第四个五年改革纲要（2014—2018）》明确“司法人员分类管理”为改革重点之一。

引语3：“分类管理为落实法官单独序列、法官单独薪酬创造了条件。落实法官单独序列后，要将法官等级做实，让法官的薪酬与法官等级挂钩，法官的荣誉与法官等级同步，让法官朝着高级法官、大法官的目标追求。”（中国人民大学常务副校长王利明，对事件2做政策解读）

事件3：党的十八届三中、四中全会对司法领域存在的不当干预、追责困难、庭审虚置等弊端提出的改革目标。

引语 4：“法院审判委员会过多地介入具体案件，容易使主审法官怠于对案件认真审理，案件一旦出了问题，审委会和合议庭互相推卸责任，造成‘审者不判、判者不审、无人负责’的局面。”（中国政法大学副校长马怀德，对事件 3 做政策解读）

事件 4：最高人民法院审判委员会召开全体会议，研究进一步推进人民法院审委会制度改革。

引语 5：“审委会的首要任务应该是从宏观上总结审判经验，研究审判工作中的重大问题……充分发挥审委会作为最高审判组织的指导作用。”（最高人民法院院长周强，对事件 4 作出指示）

事件 5：甘肃省庆阳市中级人民法院院长和辖区内 9 位基层法院院长同时走上各自法庭的审判席，亲自担任审判长审理案件。

引语 6：“许多院长曾经都是业务能手，但是多年来忙于行政事务，离审判一线远了，习惯了通过听汇报来定案件。党的十八届四中全会推进司法体制改革，就是要让‘审理者裁判、裁判者负责’。”（甘肃庆阳市中院院长任尔昕，对事件 5 做解读）

事件 6：湖北省嘉鱼县人民检察院在开展主办检察官办案责任制试点工作。

引语 7：“我的案件我负责，现在成了全院干警的共识。”（嘉鱼县检察官施华平，对事件 6 的成果做介绍，呼应标题）

在常规报道中，政治精英或司法精英代表的官方消息来源就已经足够，如果引入专家观点，则往往起到对官方话语进行注解、印证、加强的作用。在这篇主要由引语所组成和推动的报道中，官方信源和专家信源共同完成了对一系列司法改革举措的阐释，双方呈现互为补充、互为印证的合作关系。

而在《“始终相信法律会还我清白”》中，全部引语都是来自案件当事人和他的代理律师，官方信源自始至终没有出场，这在《人民日报》的报道中并不多见。

在由案件当事人及普通民众信源参与的报道中，他们的引语基本上都是用来为文本结构服务的，即对司法机关或个人、司法实践活动的赞誉和支持。当事人和民众的话语一般与精英代表的官方话语没有冲突，前者往往作为后者的补充和支持，为正面的司法形象展示做民意的背书。此外，通过对非官方信源的引用，还可以把批评框架巧妙地转化为表扬框架，如《“始终相信法律会还我清白”》这篇全部由非官方信源构成的报道里，就出现了这样的转化。

标题：“始终相信法律会还我清白”（引语：张高平，浙江叔侄冤案中的当事人）

事件：12月4日，张高平和张辉叔侄获邀参观最高人民法院。

“当我接到最高法通知的时候，激动得没有睡着觉。我以前在监狱里做梦都想，一定要来北京，来最高法申诉、喊冤。”（引语：张高平）

事件回顾：2004年浙江高院误判张氏叔侄奸杀并获刑，张氏叔侄坚持申诉。

“你信不信没有关系，但是我始终相信总有一天法律会还我清白。”（引语：张高平）

事件结果：2013年浙江高院撤销原判决，宣告张氏叔侄无罪。

“如果连他们这样蒙受了10年冤屈的人都能够始终相信法律有一天会还给他们清白，那么我们还有什么理由因为一时的不幸而丧失对法律的信心？”（引语：鲍志恒，张氏叔侄代理律师）

“我做梦也没有想到，自己会以参观者的身份走进最高法。其实，我曾经怕来法院，但是我还是来了，因为我相信，法院是一个讲法律的地方，没干坏事，为什么怕来法院？”（引语：张高平）

“我在家里经常跟人们说，你做生意也好、打工也好，千万不要违法。你没干坏事就没事，你干了坏事，谁也救不了你，因为，法律是严肃公正的。”（引语：张高平）

蒙冤入狱者沉冤得雪，那么他有没有对法律失去信心呢？用他自己的话来表明依然笃信司法的态度，自然最具说服力了。在这篇不多见的完全由当事人话语支撑起的报道中，通过张高平之口展现了司法机关勇于改正错误、司法公正、公信的形象。

《人民日报》的报道不同于新闻专业主义的操作，后者将对立观点都摆出来，以显示报道的公正，是非曲直交由读者研判。而对于前者，不管是精英也好、当事人也好、还是普通民众，其观点都应该具有一致性，那就是对主导话语的支撑。

在由案件当事人及普通民众信源参与的报道中，他们的引语基本上都是用来为文本结构服务的，即对司法机关或个人、司法实践活动的赞誉和支持。当事人和民众话语一般和精英代表的官方话语没有冲突，前者往往作为后者的补充和支持，为正面的司法形象展示做民意背书。当然，这种做法还有一个功能，就是通过对非官方信源的引用，把批评框架巧妙地转化为表扬框架，这篇《"始终相信法律会还我清白"》就是这种转换的典型。

3. 补充：对司法形象的负面再现是为了党的形象的正面再现

在社会转型的大背景下，中国共产党所处的执政环境发生了巨大的变化，具体表现为社会结构、利益结构和权力结构的分化，进而带来的是利益诉求的多元化和社会矛盾的激烈化。面对这样一种社会现状，执政党必须努力兑现自己对保持经济持续繁荣发展的承诺，以换取自身执政合法性的加强和巩固。于是，"稳定压倒一切" 作为一个政治口号被提出，因为稳定的社会环境是经济发展的前提条件。为了保持社会的稳定，党和政府必须加强自己对社会的控制能力，一方面，通过国家权力的强制手段对部分社会群体的利益诉求进行限制和调控；另一方面，则需要加强宣传力度，通过舆论的引导来对多元的社会思潮进行整合，以此统一社会意见、化解社会矛盾、维护政治权威，激发人民对党的事业的认同感。诚然，压制就意味着反弹，面对民意，最好的办法是"疏"而不是"堵"，对此，执政者有着清醒的认识。正因为如此，借助媒体力量对社会主流意识形态进行整合就成了政治权力非常看重的维稳选项。

但是在新的社会语境下，过去那种简单的鼓吹式宣传显然已经不能适应形势的变化，执政党急需创造和改进出符合时代发展要求的新的话语体系和表达方法。1992 年，江泽民同志在党的十四大报告中明确提出，重视传播媒介的舆论监督，逐步完善监督机制，使各级国家机关及其工作人员置于有效的监督之下。在随后的历届党的全国代表大会报告中，舆论监督和媒介监督被赋予越来越重要的职责。

作为党中央机关报和舆论界的风向标，《人民日报》率先回应了这种变化要求，逐步修正了完全正面宣传的单一意识形态诉求方法，开始强调正面宣传和媒介监督并举。

但应该看到的是，不管是正面宣传，还是监督批评，媒介宣传工作的首要重点仍是塑造、传播党和政府的正面形象，舆论监督必须在正面宣传为主的框架内展开，而不能与其发生根本性冲突。如何不发生冲突？舆论监督又是如何被置于宣传框架之内？结合司法报道中，我们看到，《人民日报》通过巧妙地把党的形象和个别司法部门、干警的形象进行了剥离，并通过再现个别司法部门、干警的负面形象进而衬托了党的正面形象。

2014 年年末，发生在山西太原的一起警方暴力执法致女民工死亡的恶性事件，轰动了全国。媒体也纷纷以“讨薪女民工命丧派出所”“河南女民工讨薪丧命”等题目加以报道，一时间，群情激奋，要求严惩涉事民警的呼声高涨[①]。

随着事件的持续发酵，《人民日报》对此事作出了回应，报纸于 2015 年 1 月 7 日发表评论《警察，你凭什么打人？》，在文章中，作者对事件进行了回顾，并使用了“多么离奇的事情！”这一表述，表达出作者的震惊和难以置信。随后，作者痛斥了警察的行为，在文章中再次发出“警察，你凭什么打人？”的追问，表达出作者的愤怒和不满：

> 新年了，人生又翻开了新的一页，可是，过往的一些事情却总是那么不容易翻篇。就在前两天，山西省太原市公安局长还在为去年的事情道歉：2014 年 12 月 13 日，河南郸城县女民工周秀云在山西太原讨要工钱时，和出警民警发生肢体冲突致非正常死亡。

① 事后证明，该案起因并非“讨薪”，而是一起治安案件所引起，但警方确实存在严重的执法不当。而由于对当事人冠以“讨薪”等标签进而对司法形象产生影响的问题，后文还将专做分析。

多么离奇的事情！如果再看网上疯传的那些照片和视频——遇害者生前晕倒在冰冷的地上，被一个身材肥胖的警察踩着头发，相信每一个有良知的人都会不寒而栗，不禁发出这样的追问：警察，你凭什么打人？

随后，作者发表了自己的观点：

痛定思痛，我们应该看到，权力是法律所赋予的，并非无法无天的“利维坦”。“警察打人”是“全面推进依法治国”的法治时代绝对不允许的。面对放纵的权力，我们必须予以申辩、寻求救济。

时至今日，逝者虽已矣，责任要追究，教训当牢记，别再让权力走了样，应该成为每一个执法部门、每一位执法人员的自觉坚守。愿警方借此深刻反思，依法严办，让此类践踏国法、无视民命之举，止于此案。

通过这篇文章，我们可以发现以下几点：

第一，通过对事件的回顾和描述，再现了涉事警察蛮横、霸道、冷漠、粗鲁的负面形象。

第二，通过标题中“警察，你凭什么打人”的发问，以及文章中的一系列表态和追问，表达了对涉事警察的强烈不满。这相当于在这件事情上，报纸和警方做了明确的切割。

第三，通过对事件的评论与点评，表达了笔者鲜明的观点：权力要监督、责任要追究、警方应反思，从而营造出党的正面形象。

众所周知，评论文章代表着媒体的观点和立场，而《人民日报》的观点和立场又代表着党的观点和立场。于是，一系列话语转换和报道策略的成功运用，使得记者和报纸所代言的党虽然从未出场，却又时时在场，通过再现负面的警察形象，从而保全甚至构建了一个正面的党的形象。

由此，通过对司法形象再现这一议题的观察，可以发现，《人民日报》通过司法报道中正面宣传与媒介监督的并举，再现了正反两种司法形象。这两种形象，首先，有着量的差别，宣传性报道远多于监督性报道的实际情况也说明了正面司法形象再现要远大于负面的司法形象再现；其次，两种司法形象被采取不同的话语策略和报道策略，特别是负面司法形象，通过议题的置换和话语的转换，使得两种司法形象又都再现了正面的党的形象，它暗含了这样一种逻辑，司法形象之所以正面，正是因为其符合了党的要求；司法形象之所以负面，则是因为其违背了党的要求。在当前社会矛盾尖锐化、公开化、多发化的背景下，这样的策略成功地切断了负面的司法形象与党的形象的直接联系，以牺牲局部的司法形象来保全党的正面形象，从而为加强和巩固党的执政合法性提供了可靠的话语保证。

（二）《南方周末》的话语策略分析

1. 主题框架：多以司法机关为对象，再现了司法改革的积极践行者的复杂、多元的形象

与权力话语型媒介不同，在以《南方周末》为代表的关注公民利益的严肃媒体的话语维度之内，那种将“党的领导”或“党—司法”作为最高主题的框架并没有出现，在公共利益型报刊的话语表达中，党的领导地位虽被承认，但并没有被强化；而司法机关作为司法改革的主体，成为报道的主要对象，此类媒体所再现的，是一个积极践行司法改革的开拓者的形象，但这个形象是多元的、复杂的，有时可能是勇于实践、勇于开拓的，有时却可能是因循守旧、墨守成规的，有时可能是不断完善改进的，有时候可能是会犯错误和不完美的。

党是一种“隐性在场”，在报道的主题框架上，公共利益型媒体都会承认党对司法的绝对领导和绝对权威，承认在现行制度下，脱离了党的领导和统筹安排，司法改革将寸步难行的逻辑前提。在必要的时候，公共利益话语还会对党的正确领导采取鼓励和赞扬的态度，展现出党中央和政法委的正面形象。由此，公共利益话语表达被主动地纳入到权力话语主导的主流建制之内。

但是，由于基于不同的媒体立场，党对司法的领导虽被承认，但并没有被强调，反而党对司法的干涉更容易招致公共利益话语的批评。《南方周末》更愿意再现的，还是司法改革过程中司法的形象，可以说，此类媒体的报道策略就是要让司法和司法机关作为司法改革报道和法治报道的主体得以回归。

比如说，“死刑核准权”的回收一直是《南方周末》长期关注的一个议题。

而真正让这一问题引发公共讨论的，是两年后的两篇报道:《死刑在执行前四分钟停止》《“枪下留人”案再调查》。前一篇报道讲述了一名陕西律师认为自己的委托人刑不至死，独闯最高人民法院，最终在临行前4分钟暂停了死刑执行的惊险过程；而后一篇则是在当事人被最高人民法院“枪下留人”130天后，依然被执行了枪决，记者对案件的办案程序、证词、判决书等各个方面进行了深度调查，并提出了陕西高院是如何复查此案的质疑。有评论说,《南方周末》的报道引起了社会各界特别是法律界人士对死刑核准权的讨论，并最终促成了2007年1月1日，最高人民法院对死刑核准权的回收。笔者认为，很难说死刑核准权的回收与《南方周末》的报道有何直接的因果关系，但是，由这些报道引发的公众讨论应是客观事实。而在死刑核准回收之后,《南方周末》仍然对其进行了持续的关注。2011年，云南李昌奎案引发关注，李昌奎强奸杀人，又杀死被害人三岁的弟弟，按照最高人民法院的标准理应判处死刑，而云南省高院二审却判决死缓，后在舆论压力下改判死刑，李昌奎案后，死刑复核一度开了倒车。《南方周末》就此发表了两篇文章,《强奸、杀人的罪犯该不该判死刑——免死“金牌”惹起官民舆论战》《关注死刑，云南高院的中国式处境》进行深入探究。2014年，又发表了《死刑复核权上收八年——最高人民法院如何刀下留人》和《152份死刑复核裁定书分析报告——公开的死刑密码》两篇报道，客观阐述了死刑核准回收后所产生的“少杀、慎杀”的积极效果。

12年间发出的近10篇报道记录了一段时间不长的司法改革史（还有几篇上文没有列举），报道的视角从案件本身已经渐渐过渡到了制度层面。其中，最高人民法院的角色从最初的临时性、偶发性的叫停枪决，到最后顶住压力、收回复核权，部分扭转了20世纪80年代“严打”中“从重从快”的司法逻辑。在这一系列文章中，报纸始终站在公众的角度发出追问，在追问中去揭示事件的真相、变化和发展，并在其中再现了地方司法部门、省级司法部门、最高人民法院或轻率或为难或踌躇或坚定的改革形象，体现了司法系统内部的焦虑与矛盾，反映了司法改革的艰难，同时也在一定程度上消弭了官方话语体系中那种智慧的、坚决的、铁板一块的、众志成城的司法改革形象。

1999年,《南方周末》“主编寄语”发表了《让无力者有力，让悲观者前行》

的文章。从此，《南方周末》为弱者代言的媒介形象得以树立。在小人物、普通公民与强大的司法机器的抗衡中，《南方周末》总是站在弱者的一边，对司法制度和司法改革发出诘问。但还有一种情况是，当司法权力同党政权力发生冲突时，《南方周末》又往往会站在司法的一边，与其说司法权力在面对强大的政治权力时自己变成了弱者，倒不如说，在司法改革的进程中，对公众利益的维护这一共同的终极意义使得媒介与司法形成了某种难得的一致和默契。

总之，不管是出于何种报道类型、何种报道倾向，《南方周末》涉及司法和司法改革的报道中，其主题框架多是以再现司法本身形象为主。在这些再现的司法形象中，有正面的，也有负面的；有利于司法改革的，也有不利于司法改革的。但共同的出发点，还是要归结于报纸本身的公共利益理念，从而使报纸作为“社会的喉舌”，进行了“有限的公众表达”，而作为一种重要的媒体建制有效地补充了党报《人民日报》和作为“司法喉舌”的机关报《法治日报》，并与之共同撑起了司法改革的话语空间。

2. 信源分析：新闻专业主义下的信源平衡原则

追求公共利益的媒介大都具有新闻专业主义的倾向，这既是公共利益本身的要求，也是媒体的一种自我保护，而“追求真相、多方求证、客观平衡”的报道准则被认为是践行新闻专业主义的操作规范。其中，保证信源的平衡、保证事件攸关方的出场，成为维系报道公正客观准则的最重要的途径。通过研究大量的《南方周末》司法报道，笔者发现其采取了两种方式来保证信源的平衡。

第一，就是在同一篇报道内，尽量安排所有相关信源的出场和发言，以从不同的角度还原事件的真相。尤其是在颇具争议的事件报道中，尽量安排多方表达，并且使这些表达在程度上、重要性上趋于平衡。如《强奸、杀人的罪犯该不该判死刑——免死“金牌”惹起官民舆论战》一文中，就安排了官方、案件双方、法律专家悉数出场发言，每一方的观点成为构成文章总体的一个段落。记者在组织稿件时尽量做到公正、客观、一视同仁。这样一来，报刊既遵循了主导意识形态的规制，尊重了司法的权威，避免了与司法部门的直接冲突，又给了公共话语以足够的表达空间。

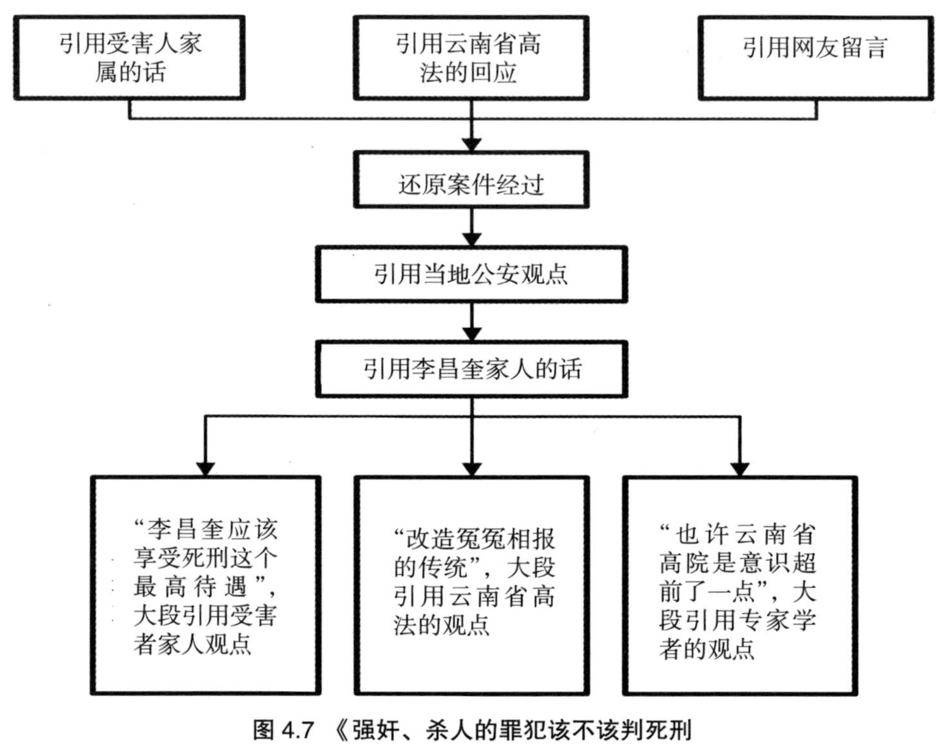

图 4.7 《强奸、杀人的罪犯该不该判死刑
——免死“金牌”惹起官民舆论战》的信源结构

第二，对于重大的司法事件和司法议题，《南方周末》通常采取系列报道的方式持续加以关注。如果某一篇报道中，信源严重失衡，那么报纸进行救济的方式是在系列报道的过程中，尽量安排所有信源出场。如在“聂树斌”案长达 10 年的报道中，既有《“聂案绝不会不了了之”》中来自河北省司法官员的承诺（2005 年 4 月 28 日），又有《河北官员谈聂树斌冤杀案：调查一直进行难度太大》（2006 年 1 月 5 日）中来自官方的解释，还有《聂树斌案：最高人民法院不可再推诿》（2011 年 9 月 22 日）中来自法律学者的呼吁。虽然每篇报道的信源各有侧重，但从总体来看，报道呈现了均衡、对等的信源表达和专业主义倾向。

虽然报道保障了各方的话语权，但是应该看到，官方信源仍然占据着非常重要的地位，官方信源仍然是有关报道权威性的保证。但是，与《法治日报》《人民日报》不同，《南方周末》对官方信源的使用不再将其作为事件最重要的决定性因素，官方的表达也不再是指令式的、结论式的。在公共利益和专业主义的框架下，官方信源显得更加多元，也更加细致地展现了司法官方内部的讨论、争执、疑惑、无奈等官方话语体系下无法反映出的真实状况。这也更加真实地还原了在社会转型、诉求多元的社会环境下进行司法改革时，司法系统内部的真实心态。官方意见的这种表达方式，在一定程度上消解了党报和机关报所再现的那种运筹帷幄、统揽全局的司法高层形象和坚决执行、成绩斐然的司法基层形象，代之以更容易使人信服的多面形象，这种形象显然更加容易辨析、更加接近真实、更加“接地气”。例如，在《突然要脱离，法院不习惯》一文中，在酝酿了十年的“法院人、财、物独立于地方”的司法改革方案终于要落实的时刻，地方法院表现出了某种担忧的情绪，这种情绪，通过对基层法院干警的引语被很好地表达出来：

> 会不会出现底下的人又往省里跑，会不会出现又被地方扣了的情况？
>
> 改革之前地方这个“婆婆”一方面可以干预你，面对难题时也会调动力量来帮你。改革以后这个“婆婆”没有了，它干预不了你，同样也帮不了你。剩下上级法院这个“婆婆”，她能不能很好地支持你？
>
> 人财物统一管理，人最关键。审判员任命是不是还在地方，向不向地方人大作报告，报告通不过怎么办，院长还当不当，这都是问题。

除了司法机关和政法干警为代表的官方信源，法律专家、学者、律师所代表的法律知识精英也是公共利益框架内非常重要的消息来源。当然，这些知识精英与官方信源的关系值得思考，不同于官方主导媒体中，知识精英被作为政治精英和司法精英意见的解释和佐证，在《南方周末》的舆论场中，法律知识精英与官方话语之间的关系更加复杂和微妙，更多的时候，双方呈现出一种对立的态势，当然，这种对立并不会被刻意表现得尖锐化和表面化，而更多地表现为一种对话、协商和探讨的形式。这样的例子有很多，法律知识精英们对具体司法问题的讨论基本上遵循了在现行政治体制和司法框架之内的探讨，即使是较具刺激性的批评言论，也往往是对办案部门的就事论事，而不会被无限制地上升到更高的层面。

正因为如此，我们可以把出现在《南方周末》中的法律知识精英群体划归为“温和的批评者”“积极的协商者”“建设性意见的提供者”。知识精英们如此的表达方式，既跟媒体的选择和控制相关，更与其自身的身份和地位相关。这样的表达方式，与公共利益话语的两种诉求达成了默契：一是实现了与那种“建制内的多元表达”达成了某种默契；二是与专业主诉求达成了默契。温和、不失建设意义的批评显然符合新闻专业主义的专业操守。

而与政治精英、司法精英、知识精英相比，虽然普通民众获得了平等的出场地位，但是，其话语权依然明显偏弱。《南方周末》的司法报道一般不会拘泥于案件本身的细节，而是希望通过案件作为话题的由头，进而探讨更深层次的制度问题。在这一话语框架内，当事人或者普通民众往往扮演了事件叙述者的角色，在完成对事件的叙述和对话题的触发之后，他们的话语权往往被法律知识精英所接手。相对于普通民众，法律知识精英拥有更加专业的法律知识，他们更能够发现事件的症结所在，并使表达更加具有建设意义，从而避免普通阶层中惯有的情绪化和无序化表达。这样的处理方式，使得公共利益媒体往往呈现出强烈的精英主义色彩,以充满道德优越感和知识优越感的精英话语代替公众话语进而完成“国家—社会”关系的协调，这与许多市场化媒体的内容生产有着很大区别。

通过以上对《南方周末》各类信源的使用及其之间的关系进行的简要分析，让我们看到，在具有公共利益情怀和专业主义倾向的媒体主导的舆论场内，党和司法部门已经无法自如地展现其预设的司法形象，一个更加复杂、多元、诉求的司法形象被再现出来。同时,这种形象是以一种精英的眼光被再现和描绘的。

3. 补充:《南方周末》的“临场发挥”——中性框架向负面框架的转化以及借“他人之口”实现批评监督

所谓“临场发挥”，具体来说就是新闻媒介单位分析自己面临的各种在改革中凸显出来的矛盾，根据各地、各单位和某一行动所处的具体情况，决定与宏观管理机构“协商”的策略。也就是说，新闻从业人员将他们面临的行为场景具体化和区域化，并在这样规划出来的活动空间内，重新建构“党的新闻事业”的具体实践形态，利用现实生态环境中的种种张力和矛盾，设计出可迅即见效的行为，达到既不违背党的意识形态原则又取得实际利益的目的。

而事实上，我国的新闻体制改革是一种“摸着石头过河”的改革，对于在改革中所使用的标准、原则、规范，不管是新闻媒介还是监管部门，显然都不具备现成的答案。因此，对于博弈的双方而言，互相之间对底线和容忍程度的试探是一个必然的过程。因此，“临场发挥”更多的是一种当尚未规范化、标准化的模式情境出现时，新闻媒体所采取的带有明显试探性质的措施，并且这种试探会随着体制的反应而不断调整尺度。当这一尺度被双方所共同接受和遵守后，动态的平衡得以维系，临场发挥也从临时性的试探演变为一种常态。

《南方周末》在平衡新闻与制度张力的过程中，显然经过了多种试探。在再现司法形象的报道中，至少有两种由临场发挥而逐渐常态化的话语策略被我们所观察到：一种是由中性的事实报道框架转换为负面的形象再现框架；另一种是借由“他人之口”来实现报道“非常规化”向“常规化”的转变。

对冤假错案的纠正是《南方周末》长期关注的一个司法话题。在这一话题的报道中，大量使用了由中性事实框架转化为负面形象框架的话语策略。《南方周末》不同于《人民日报》那样的党报，在司法机关做出不当行为时，《人民日报》可以直接发表如《警察，你凭什么打人？》一类的文章，对司法机关和个人进行严厉的声讨和训斥，而《南方周末》显然不具备这样的资格。《南方周末》所能做的，就是通过对信源的选择和话语的转化，尽量客观地还原事实的真相，冤假错案的过错方是需要通过相对客观公正的报道和不具有强烈感情倾向的语言，由读者自己去寻找的。当然，这种报道的指向性都很明确，不需要经过复杂推理即可得到答案。比如在对聂树斌案的系列报道中，《“聂树斌冤杀案”悬而未决》反映了当年警方忽视程序、刑讯逼供的问题，《聂案卷宗里藏了多少秘密》暗示了河北高院存在阻挠律师调阅卷宗的嫌疑，《“聂树斌案”翻案渺茫》揭示了当地党委政法委干预司法和疑案本地复查的问题。所有这些报道，记者并没有发出对河北司法部门的任何质疑和批判，但是从文章的字里行间读者可以切实感受到聂案延宕十年而没有结论的阻碍何在。

通过对事实相对公正、客观的报道和还原，《南方周末》成功再现了司法机关一些负面形象，从而实现了对司法的媒介监督。但有时，作为一家有立场、有观点、负责任的大报，过于理性和平静的叙述似乎不足以表达一些特殊的情绪，或者报纸想要表达一些相对敏感的观点，直接由自己的记者刊发出来似乎会受到体制的激烈弹压，《南方周末》采取的变通方式是借助“他人之口”传达自己的心声，从而实现对司法的批评和监督。

当然，不管是通过框架的转化，还是借助他人的观点，简单曝光司法机关的负面形象并不是报纸的本意和最终目的，《南方周末》的批评性报道和深度报道大都是具有建设性和针对性的。就拿对冤假错案的报道来说，其所再现的政法委干预司法、司法部门漠视人权、司法机关对卷宗公开设置人为障碍等形象，都与本轮司法改革更加注重展现的更加独立的形象、更加公开透明的形象、更加注重人权的形象相对应。由此，我们也可以看出，作为一家长期关注中国司法改革和法治建设进程的报纸，《南方周末》对司法改革中的阻力和症结有着自己独到和清晰的把握。

（三）《京华时报》话语策略分析

1. 文本结构：司法机关仍被安排在文本的最高级，处于事实的主导地位，报道强化了司法的权威形象

以《京华时报》为考察对象，可以发现，事实上市场主导媒体对于司法改革呈现出一种“弱参与”的姿态。以最能反映媒体倾向的新闻评论为例，《京华时报》在整个 2014 年，与司法改革有关（包括弱相关）的新闻评论仅有 8 篇。发稿量是衡量一家媒体对某一社会议题的关注程度的首要标准，由此我们不难看出，司改议题并没有获得以服务市民为导向的都市报的青睐。

但这并不意味着都市报失去了再现司法形象的功能，事实上，《京华时报》对司法形象的再现，是通过其所热衷的案件报道完成的。

客观地说，案件报道是市场化媒体特别是都市报较为突出的报道特色，但是，这些案件报道过于关注案件本身的细节，其目的是通过对案件的戏剧化、离奇化、演绎化的表现，激发读者的阅读兴趣。而使案件报道与司法改革产生联系，并进而触发对司改议题的讨论，显然不是都市类报纸的首要选项。报道过于关注细节，会使司法的作用被淡化，进而使司法和司法机关的形象背景化和模糊化。于是受众的视线只聚焦于案件本身，无助于司法形象的塑造。

但是，对于社会关注的焦点事件、焦点案件，《京华时报》的态度则要重视得多，操作上也严肃得多，同时，此类事件中所蕴含的矛盾与张力，对司法形象有着强大的塑造能力。因此，是我们着重考察的报道类型。在对此类事件的报道中，我们还是可以看到《京华时报》力图担负起媒体责任的努力。而通过对《京华时报》此类报道的话语分析，我们发现其基本使用了相同的文本结构。如图 4.8、图 4.9 所示，分别是赵作海案、呼格吉勒图案的报道文本结构。

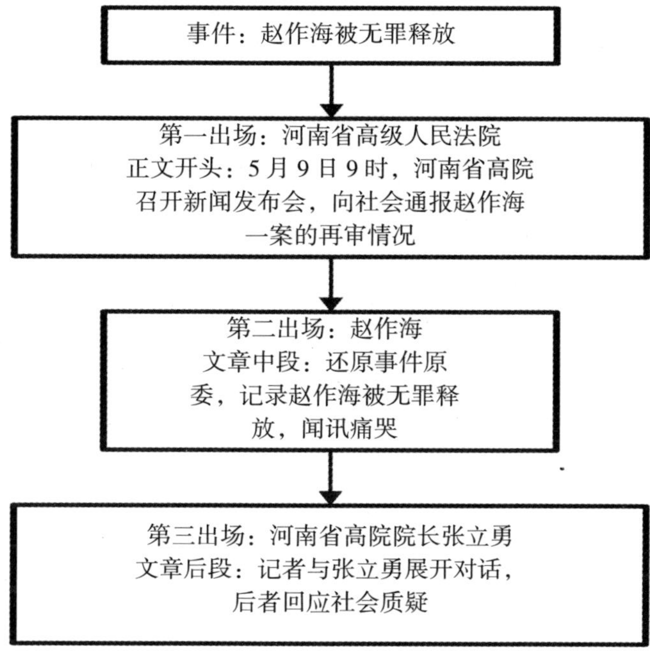

图 4.8 《赵作海被无罪释放》文本结构图

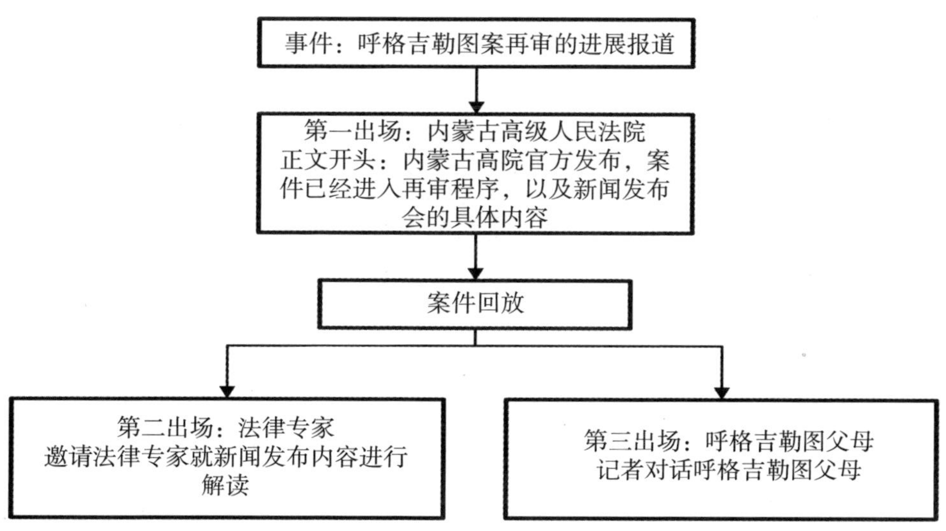

图 4.9 《内蒙古呼格案死者父母：唯一能争取的是儿子的名誉》文本结构图

同类型报道中，文本结构和主题层次的高度相似，说明了《京华时报》记者严格遵守了报纸既定的报道方式。在这样的报道范式中，办案机关的新闻发布不约而同地成了各篇报道中的首要出场要素，并且这些内容是以结论的形式发布的，不具备任何的协商性和置换性。司法机关处于文本的最高层级，同时在事实上也扮演着主导事件的关键性角色，这实际上是承认了司法机关对于案件办理的权威性和正确性。

接下来，有对司法官员的采访、有对法律专家的采访，也有对案件当事人的采访，但是不管哪方利益代表的发言都没有对先前司法机关的结论表示出质疑和批驳。他们同司法发布的关系，要么是承认和肯定，要么是解释和建言，要么则干脆绕开发布内容，进行都市报更为擅长的细节还原和“受难叙事”。

这样一来，司法部门权威的形象被树立起来，并且，这种权威形象的正确性同样显得不容置疑。虽然都是把司法机关作为报道的主体，《京华时报》与《南方周末》的报道诉求显然有着根本的不同。《南方周末》中司法机关作为文本的主体，有可能被树为正面的典型，也有可能被树为批评的靶子。而《京华时报》则要单一得多，就是要让司法部门作为一个定论的提供者出现，其根本目的，是为了在司法机关给出的既定结论框架下，尽量增加事件呈现的维度，满足读者不同方面的阅读需求。这种处理方式，对于一家关注市场化生存、服务于城市百姓的报纸而言，显然是明智的。

2. 消息来源：以官方发布为主、以案件当事人和外围信源为辅，强化平民视角

以《京华时报》《新京报》《法制晚报》为代表的市场化媒体，对司法改革议题呈现出一种弱参与的报道姿态，市场化媒体的司法报道主要以案件新闻为主，在案件中再现司法形象。而案件新闻的消息来源则主要来自案件当事人及其家属、代理律师，以及与案件不存在直接利害关系的外围信源，官方发布作为一种权威存在，却由于缺乏可读性和感染力，效果反而被削弱。

采取这种修辞方式，主要的原因实际上是出于某种无奈。市场化媒体一般偏安于某一城市或地域，影响力有限，即使具备了一定的知名度，如《南方都市报》《楚天都市报》《华西都市报》，以及北京市场的《京华时报》《新京报》《法制晚报》等，其影响力也局限于所处的地域，而决不能算作全国性的强势媒体。

在对敏感的、热点的案件进行报道时，都市类报刊很难受到官方的重视，而报纸本身的功能定位也无法对持续深入的新闻调查提供足够的人力、财力、物力的保障，再加上司法案件本身的特殊性，各家媒体取得官方信源的主要方式就是被动等待官方的新闻发布。在市场化竞争极其激烈的当下，都市报如何进行差异化的内容竞争成为生存的关键。在无法像党报、机关报等官方媒体以及全国性的强势媒体那样更容易接触、获取更多官方信源的情况下，寻找信源的“第二落点”成为最主要的应对方式。在司法案件的报道中，这类“第二落点”包括案件的当事人、家属、律师，以及愿意接受采访的案件外围信源，如与案件没有直接利害关系的干警、专家、目击者等。这样做的效果是强化了报道的平民视角，其再现出的司法形象往往是以平民视角进行审视和丈量的，这反倒与报纸本身的市民化、平民化定位相契合。

在《内蒙古呼格案死者父母：唯一能争取的是儿子的名誉》专版报道中，记者采访了被冤杀的呼格吉勒图的父母、法律学者，以及当年与此案有过交集的办案民警、曾经的冤案调查组成员，唯一使用的官方信源是内蒙古高院的发言人李生晨在新闻发布会上回答的四个问题。通过阅读文章我们发现李生晨的发言结论有余、细节不足；办案民警毕竟身处体制之内，有些讳莫如深；调查组成员则干脆以“身份不便”为由，拒绝了采访；反倒是对呼格吉勒图父母的采访，极具可读性和感染力，成为整篇报道的亮点。

在记者同呼格吉勒图父母的谈话中，呼格吉勒图的母亲详细回忆了呼格吉勒图被处决当天的细节：

京华时报：最后一次见你儿子是什么时候？

尚爱云：枪决当天，在看守所的大门口。当时没有官方通知，是有人在枪决前的三四天告诉我们的，说6月10日要执行一批死刑，里头可能要包括我儿子，让我心里有个准备，想见一面就去看守所看看。那几天心情特别差，行刑前我们家一夜没睡，哭了一晚上。

6月10日早上，我们在看守所门口看到儿子坐在警车里，他也看到了我们，望着我们哭，我们在外面哭，我和老伴追着车跑。8点多在乌兰恰特剧场开的公审大会，我们到的时候那里已经围了好多人，我哭着求保安

> 让我进去，说执行死刑的有我儿子，保安心软了，开门让我进去。我看到不远处我儿子和另3个死刑犯被押成一排，站在楼梯间，边上有五六个警察，我一下子哭出来了，他扭头看看我也哭了。我想和他说话，但警察不让。开完公审大会就被押走了，10点多执行的死刑。

看过此段回忆的读者，想必都能体会到一个母亲在即将失去儿子时那种撕心裂肺的痛苦，感受到普通人面对强大的司法体系时的无力与无奈，将心比心，不禁使人潸然泪下。有学者认为,《南方周末》对弱势群体的报道往往陷入一种“受难叙事”的模式，但笔者认为，起码在《南方周末》的司法报道中，弱势群体的话语权被知识精英所挤压和接管，并没有留给弱者多少发挥空间，反倒是以平民、当事人视角为主的市场化都市类报纸，其叙事风格更接近于“受难者”。而在弱小的、孤立的、无助的“受难者”的对面，矗立着的，俨然是一个强大的、冰冷的、给人以压迫感的司法形象，显然，这种平民视角的修辞方式，并不利于司法形象的正面再现。

3.补充:平民视角、风险规避使司改报道多采取“受难框架”和“自保框架”

在市场化竞争的大环境下，各家媒体有着各自不同的受众目标和功能定位，其所关注和擅长的领域也大都不尽相同，从而实现媒介间的差异化竞争。虽然《京华时报》也开辟了自己的法治专版，但作为当前最重要的法治议题——司法改革，并没有在编辑部内部得到重视。这种现象，既是出于一种实力上的无奈，也是寻求一种“意识形态正确”的自保。

在对司法改革议题的常规性报道中,《京华时报》的处理方法和《法治日报》《人民日报》等主流官方话语媒体相比，并没有显示出太多的不同。党的领导和司法部门不断改进工作的报道框架被娴熟地使用，这与其“宣传、新闻、服务”的内容定位相符。作为《人民日报》社主办的都市类报纸,“意识形态正确”“正面宣传为主”的报道理念自然渗透到《京华时报》的编辑部场域，进而出现相近的内容呈现。

在保证“政治正确”和“主流意识形态诉求”的基础上，为了丰富报道的内容、增加文章的可看性,《京华时报》的救济办法是强化报道的平民视角。由于不需要对制度问题做过多建设性的解读，平民的话语权在这里并没有被精英阶层所剥夺，反而得到了更好的发挥。通过平民，尤其是案件当事人的视角和讲述，说话者被安置在一个弱者的地位，报纸以一种悲情的叙事方式和同情的立场态度，为自己赢得了正义性和人文关怀的媒介形象，与之相对应的，则是对司法形象的负面隐喻。

综上所述，《京华时报》所采取的"自保框架"和"受难框架"下的弱参与、平民视角和风险回避，主观上既塑造了一个权威、正确的司法形象，也在客观上再现了一个冰冷、强权的司法形象，这是以市场为导向的媒体再现司法形象的两个典型。而问题在于，这样的再现方式，宣传有余、监督不足，故事有余、建设不足，人们并没有从相关的报道中，解读到任何对体制的诘问和对制度的反思，改革的议题也没有因此被更多地注入公共领域的议程之内，尤其是在都市类报刊所颇具影响的市民阶层和草根群体中，司改议题的导入在这一阶层显得更为重要，但事实是，都市报做得还远远不够。

第三节　综合性媒体编辑部场域内的权力控制

在这里，我们依然沿用"司法—媒介—政治—经济—社会"五元的观察维度，由于考察对象的转变。在图4.10中，相对于上章中对司法形象的自我再现的分析，司法和媒介的位置发生了互换。

图4.10　综合性媒体再现司法形象的社会空间

一、司法权力和媒介再现："软""硬"兼施下的形象控制

虽然，司法权力和政治权力本就有着非常紧密的联系，在我国的社会制度下，司法权力更是政治权力得以顺利行使的保障和途径，但司法权力并不能简单等同于政治权力。从业务层面而言，司法保持着一定的独立性，拒绝政治权力的直接干预；而从社会控制的角度看，司法领域和宣传领域一样，都是政治权力进行社会控制和管理的工具，司法和宣传作为政治权力进行社会控制的工具地位是平等的。

也就是说，就功能而言，双方分属于不同的社会领域；就地位而言，双方处于一种对等地位，不存在隶属关系。这就为司法权力向媒介领域的渗透制造了难度。但是，前文中我们已经发现很多控制的达成都是以一种隐蔽方式进行，而控制的效果却又非常明显，例如社会权力、经济权力对司法领域的渗透，而反过来，司法权力一样可以通过一种隐性的方式影响媒介的表达，其影响的效果亦非常显著。

（一）"软"控制：通过新闻发布制度影响报道

司法权力影响媒介新闻生产最为重要的方式就是新闻发布制度。在我国，新闻发布制度一直被等同于新闻发言人制度来解释。实际上，现在的政府或司法机关新闻发布的形式多种多样，新闻发言人制度只是其中的一种罢了。从广义上说，司法机关主导的新闻发布制度是指各级司法相关部门，为向社会发布相关信息而实行的新闻发布行为，其具体的形式包括新闻通气会、记者招待会、新闻发布会、网络交流、座谈会、接受访问等，其发布对象不单是专业的新闻媒体，当然也包括社会大众，其根本特点是代表司法部门的意志，具备绝对的权威性。

如果说司法自媒体的内容传播的主要对象是普通公众、传播目的更多是影响公众认知的话，那么新闻发布的主要对象则是专业的媒体记者和新闻机构，发布就是为了对媒介进行议程设置，一定程度上支配了媒介对司法形象的再现。

应该说，新闻发布制度的建设体现着我国司法的进步。新闻发布与司法部门近些年来所倡导司法公开是有着密切联系的，新闻发布是司法公开的重要途径和传达渠道。司法部门是法律精神的践行者，司法公开本身就是对公民知情权和监督权的一种保障，而加强和完善新闻发布制度本身也是一种阳光司法、透明司法形象的自我展示。

一方面，通过新闻媒体进行司法公开有着重要的法理意义。不论中外，公民的知情权都是世界各国普遍承认的一项基本人权，如美国等西方国家，就有《信息公开法案》《阳光普照法案》对政府和公职人员的信息公开进行强制规定，而《中华人民共和国宪法》虽未对公民的知情权、参与权、表达权和监督权进行直接的表述，但对这一系列公民权利的保障蕴含于宪法和法律规定当中。特别是在 2003 年非典之后，党和国家的执政理念和宣传观念发生了重大转变，包括司法机关在内的以新闻发布为载体的信息公开得以常态化、法律化；另一方面，司法公开是推进法治建设、民主建设的前提和推手。有研究者指出，目前社会整体信息总量的 80% 以上为政府所控制和占有。作为司法部门，办案的独立性和封闭性更是使其成为信息的绝对垄断者，信息的垄断归根到底是一种权力的垄断，而绝对的权力导致绝对的腐败，缺乏监督的信息垄断无疑是造成司法腐败的重要原因。麦克卢汉认为,任何信息的索取都能够创造更深层次的民主。司法部门是推进国家法治化、民主化的重要执行者，因此，司法部门主动进行司法公开是其责无旁贷的责任。

只有保障了公民的知情权，公民的监督权才有可能得以实现。公民的监督权只有有序地进入到政权运行的日常事务当中，才能够保证政治文明的持续推进。对此，中国共产党早有清醒的认识，毛泽东就对黄炎培谈道，“只有让人民来监督政府，政府才不敢懈怠。”对于政治权力而言，通过公民的有效监督，作为自身监督机制的一种有效补充，从而确保党和国家的政策得以自上而下的有效执行，确保各级权力主体廉洁、高效的运行，是其推进公民知情权和监督权的根本逻辑。

司法制度的改革遵循了这样一种逻辑。规章方面,公安部于 2012 年颁布《公安机关执法公开规定》，最高人民法院于 2013 年印发《关于推进司法公开三大平台建设的若干意见》，最高人民检察院于 2014 年颁发《职务犯罪大要案信息发布暂行办法》；制度方面，最高人民法院于 2014 年向社会公布了全国 1995 家法院的 3281 名新闻发言人，并对各级人民法院的新闻发布规格和场次进行了规定，检察机关、公安机关的新闻发布制度建设也日趋成熟。

如果说通过新闻发布进行司法公开，是司法机关进行日常传播和常规形象展示的途径的话，在突发事件和负面新闻爆发时，新闻发布则承担起了危机传播和形象修复的“公共关系”职能。

所谓公共关系，研究者出于不同的角度和学科立场作出了上百种定义，但是有些核心内容是被一致公认的，那就是：公共关系是一门专门的科学，其根本目的是保持组织与公众之间良好的互信关系，为组织的长远发展凝聚品牌资源和口碑资源，其运作的方式应该是通过信息的传播并力图保持这种传播的通畅和稳定，这种传播有时是单向的、有时是双向的。在公共关系领域，最让组织感到棘手的就是对危机事件的处置，良好的组织形象需要长期的、持之以恒的积累，但是由于危机处置不当而引起的形象坍塌则完全有可能发生在一夜之间。因此，危机传播则就成为公关运作的一个重要的课题，所谓危机传播，是指针对危机现象采取大众传播及其他手段，对社会加以有效控制的信息传播活动，其目的在于，按照信息传播的规律，对危机处理过程进行干预和影响，促使危机向好的方向转化。

对于司法部门而言，新闻发布是危机传播的重要手段，而“快速、权威、准确”则成为危机时期新闻发布的实践原则。“快速”，当然是指新闻发布的时效性，公共关系学认为，危机发生后的头72小时，是解决危机的黄金时期，72小时之后，流言四起，局面将变得更加复杂和难以挽回。新闻发布就是为了快速向社会提供事件信息，讲明原委，及时满足危机发生之处公众和媒体的信息饥渴状态，从而抑制谣言的发展，引导事件的解决。而“权威”“准确”则要求司法机关所发布的信息必须具备一定的公信力和说服力，要反复核对，避免前后表述不一的情况发生，权威和准确的信息有助于社会争论和质疑得到平息。当然，信息发布的速度和准确之间本身就存在着矛盾和张力，需要司法机关妥善处理。

由此可见，新闻发布制度应该从“公开”和“公关”两个维度去理解，但无论如何，新闻发布制度都是司法机关进行形象建设的重要手段之一，它有效地控制了信息资源，并深刻影响了媒体议程和公共议程。但是，我们也应该看到，不论是“公开”还是“公关”，司法系统本身的信息发布是经由政治权力的压力而推进的，其本身则显得非常矛盾。对于司法公开，司法部门长期习惯于“埋头干自己的”，还不习惯于让自己的工作接受媒体和公众的监督；对于危机公关，司法部门更习惯于事后传播和延时传播，即第一时间封闭消息，待事件解决后再向社会公布。由此可以看出，司法部门的矛盾心态在于，既希望通过信息发布来塑造良好形象，消除不良影响，又不愿意接受过度的监督，或者说害怕自身的工作因为过度的舆论监督而变得困难、失控，甚至被误解。最高人民法院在短期内相继出台的两个文件就反映了这种矛盾心态。

《关于推进司法公开三大平台建设的若干意见》表述了对审判流程公开、裁判文书公开、执行信息公开的三大公开平台建设，这三项工作的公开，几乎涵盖了法院的所有职能。可以说，司法公开在法院系统早已不是句空话，在司法公开的道路上，法院走得最远也最彻底。

而《最高人民法院关于人民法院接受新闻媒体舆论监督的若干规定》(以下简称《规定》),《规定》中则出现了以下表述：

> 人民法院发现新闻媒体在采访报道法院工作时有下列情形之一的，可以向新闻主管部门、新闻记者自律组织或者新闻单位等通报情况并提出建议。违反法律规定的，依法追究相应责任。
>
> （一）损害国家安全和社会公共利益的，泄露国家秘密、商业秘密的。
>
> （二）对正在审理的案件报道严重失实或者恶意进行倾向性报道，损害司法权威、影响公正审判的。
>
> （三）以侮辱、诽谤等方式损害法官名誉，或者损害当事人名誉权等人格权，侵犯诉讼参与人的隐私和安全的。
>
> （四）接受一方当事人请托，歪曲事实，恶意炒作，干扰人民法院审判、执行活动，造成严重不良影响的。
>
> （五）其他严重损害司法权威、影响司法公正的。

可以看出，《规定》中对妨碍法院工作的报道行为并没有详细的界定，而是使用了一些比较模糊的词汇，并明确指出如有违反，可依法追究责任。这似乎为司法部门打压舆论留了口子，因此，此《规定》一经颁布就立即引起了业界和学界的广泛争议。

通过以上两个文件，我们可以清晰地感受到司法部门对于主动公开和接受监督的矛盾心态。其实，不管是主动公开也好，不愿接受监督也罢，其根本的动力依然在于维护本部门的利益。正如有学者所批判的，我国目前的新闻发布制度依然是以“部门利益”为导向，而不是以“公众需求”为导向的。

在过去很长一个时期内，司法部门的利益被政治权力小心地呵护，对司法的批评往往被认为是对政权的直接批评，因此不被允许。但是随着执政理念的转变，执政党愈发感觉到对权力进行监督和制约的必要性。对政治权力而言，对司法部门在一定程度上的监督和批评都是允许的，甚至是受到欢迎和鼓励的。司法部门不可能再像过去一样受到政府无微不至的关怀和照顾，在特定场合下，司法形象甚至是为了维护执政党的形象而必须作出牺牲。因此，对于司法形象塑造而言，由于司法部门失去了政治权力的宣传命令对自己的绝对袒护，它就必须要寻求一种对命令式的宣传管理方式的有效补充，从而使自己的媒介议程设置能力不降反升，继续影响和控制符合自身利益的形象再现。

对于司法部门而言，其进行议程设置的方式有两种，一种是强制的、命令式的，这种方式只是对直办媒体和司法自媒体适用，对于社会化媒体则鞭长莫及；另一种就是通过新闻发布，凭借自身对司法信息的天然垄断，从而对专业的新闻媒体和新闻记者进行议程设置，这种议程设置通过新闻发布会为主的“探讨、协商、交流”的方式呈现，因此显得更加隐蔽。

在经过初期的惶恐和矛盾后，司法部门渐渐地捋顺了与媒体的关系，掌握了信息传播的规律，也开始意识到，成熟的新闻发布制度非但不会使信息传播陷入失控局面，反而会强化自身对信息的垄断和话语优势，从而继续着对新闻媒体的议程设置。

司法部门本就掌握着大量的一手信息，并且这种信息是被天然垄断的，即使新闻记者再努力地调查，由于其不具备案件调查的权力、有时调查的条件也不具备，有些信息可以挖掘，有些信息则极为封闭无从打探，特别在突发事件发生时，新闻记者本能的第一时间需要寻找权威信息，这种权威信息只能通过司法机关获得。新闻发布强化的结果是造成了新闻记者对官方信息的高度依赖。新闻媒体，特别是代表公共利益的新闻媒体，虽然与司法部门存在一种博弈的关系，但这不意味着它可以脱离司法部门对信息的垄断而独立完成报道，相反，他们必须依赖这种信源，不管是出于现实需要，或是政治的压力，抑或是新闻专业主义的操作诉求，都必须要求这样做。在舆论嘈杂的环境下，新闻媒体一定程度上起到了梳理民意，引导民意，使民意理性化的作用，司法部门通过新闻发布控制信息传播，从而影响新闻媒介的再现，进而再传递给公众，达到符合自身意图的目的。

在新闻发布制度没有成形之前，新闻记者还可以通过多种渠道去获取消息。比如可以通过和自己相熟的干警，或者直接找经办人进行采访。而有了新闻发布制度，司法部门内部要求必须保持高度一致，信息传播渠道被明确化和制度化，个人或者其他渠道的信息发布是坚决不被允许的。新闻发布制度加强了司法部门对信息的控制，信息在发布之前都是经过司法部门内部严格筛选、取舍、修饰过的，在新闻发布的若干场合，被要求严格的遵守和传播，不允许任何的随意修改。所以我们看到新闻发布会，往往是发言多、回答少，而新闻发言人传达的并不是自己的思想，而是部门的意志。

因此，新闻记者挖掘信息的难度进一步加大，采访时更是处处碰壁，“上面不让说”“有事问发言人”甚至作为司法部门的一种回应被直接引用到文章中，反映了记者的某种无奈。为此，有学者就曾指出，建立新闻发言人制度并不是免除各级官员面对新闻机构向公众披露信息、公开政务的职责，任何官员都不能逃避采访。但事实上，学者们所批判的正是客观存在的实际情况。

综上所述，我们看到，新闻发布制度加强了司法机关对信息的把控和垄断，它可能会防止记者把新闻事实挖出来，也有可能会在记者把真相挖出来以后，以新闻发布的强有力的方式把其影响消除掉。总之，新闻发布制度是一种“公开、透明”的姿态和“控制、主导”信息传播的实质的一种结合，有着“公开与公关”“坦诚与控制”的天然张力。新闻发布制度在一定程度上起到了信息公开、遏制谣言的良好作用，但也在一定程度上造成了记者采访更加困难，新闻报道更加依赖司法信源的客观现实，从而间接控制了媒介的议程和对司法形象的再现。

但是不论如何，新闻发布制度在司法体系的确立和成熟，符合司法改革中加强司法公开，塑造阳光司法的形象诉求，是一种对媒介再现的较为“软性”

的控制方式，是值得肯定和推广的。除了这种“软性”的控制，司法部门影响媒介报道的方式还可以是“硬性”的，那就是通过封杀、不合作等措施来“惩罚”相关媒体，进而迫使媒体作出屈服和让步。这种方式得以成功的关键还是在于其利用了自身对于信息的高度垄断和媒体对于司法信息的高度依赖。对此，我们还会在后文中专题探讨，在此不多做展开。

（二）“硬”控制：对冲新闻监督带来的舆论压力

以上我们探讨的，只是司法部门在新闻报道的业务层面如何对媒体和记者产生影响和控制，从而使他们能够以符合司法部门利益的方式进行新闻报道和形象再现。除此之外，司法部门对于新闻媒体的影响还有更加直接的方式，那就是利用自身的司法权力对新闻媒体进行“问责”。在很多时候，不管是以市场为导向的媒体，还是以公共利益为导向的媒体，都把其报道重点不约而同地指向了司法机关的负面新闻上：市场化媒体出于对市场的广泛占有，有时就必须选择更加轰动、更具戏剧性甚至更加耸人听闻的司法事件，如果新闻记者职业道德失范或者新闻媒体把关不严，这种“选择”就有可能以“编造”为代替；而对于公共利益为导向的媒体而言，公共利益本身就是政权利益的一种制衡力量，站在公共利益一边，在客观中立的原则之下，暗含了对包括司法权力在内的公权力的监督和批评。不管是因应市场的“哗众取宠”，还是代表公众的问责监督，当然也包含了新闻腐败等实际情况。总之，社会化媒体生产出的相关新闻很有可能会触及司法部门的底线，从而招致司法部门的激烈反应。不同于其他社会组织，由于司法机关直接掌握着执法权和法律的解释权，因此，其对媒体进行的“问责”要直接得多。

“问责”的方法有很多，前文提到的《最高人民法院关于人民法院接受新闻媒体舆论监督的若干规定》就保留了依法追究媒体责任的权利。尽管如此，此举毕竟是通过正当的司法程序进行问责，是将问题置于法律框架之下的合理解决途径，是司法机关和新闻媒体一旦出现争执，而应被鼓励采用的解决办法。但是，近些年我们也看到各地司法机关滥用自己的执法权，跳过合理的司法程序，对媒体记者进行粗暴打压的事件时有发生，其中最为典型的，就应属“跨省拘捕”了。

有媒体对近些年发生的跨省拘捕事件进行了统计和梳理。见表 4.3。

表 4.3　近年来“跨省拘捕”事件统计

案发时间	记者姓名	任职媒体	工作城市	警方所在地	被“跨省”原因	处理结果	供职媒体应对
2007 年 6 月 15 日	傅桦	《第一财经日报》	北京	吉林	受邀写批评报道，被控受贿 4 万元	刑事拘留	7 月 16 日,《第一财经日报》将其开除
2008 年 1 月 4 日	朱文娜	《法人》杂志社	北京	辽宁西丰	因报道《辽宁西丰:一场官商较量》一文涉及辽宁省铁岭市西丰县时任县委书记张志国，涉嫌诽谤罪	西丰县公安局撤销对朱文娜涉嫌诽谤罪的立案，县委书记张志国引咎辞职，1 月 24 日,《法人》杂志总编辑王丰斌宣布辞职	1 月 4 日，《法人》杂志发表声明对报道内容进行核实
2008 年 12 月 4 日	李敏	中央电视台	北京	山西太原	在报道湖南商人吴晓辉与陕西某商人的一起地产纠纷案中涉嫌受贿	法院认定李敏受贿 3.7 万元，判处有期徒刑三年，缓刑四年	无明确表态
2010 年 7 月 23 日	仇子明	《经济观察报》	上海	浙江丽水	因报道上市公司凯恩公司关联交易内幕，涉嫌损害商业信誉罪	浙江丽水警方撤销刑拘记者的决定，遂昌警方向仇子明及报社道歉	《经济观察报》报社于 7 月 28 日发表正式声明
2013年 8 月 23 日	刘虎	《新快报》	重庆	北京	因涉嫌制造传播谣言	刑事拘留，后被北京市一分检批捕	无明确表态
2013 年 10 月 19 日	陈永洲	《新快报》	广东广州	湖南长沙	曾发表 10 篇有关中联重科的一系列批评性文章，涉嫌损害商业信誉罪	刑事拘留	10 月 23 日头版呼吁长沙警方放人，后致歉、开除当事记者

应该首先明确的是，之所以会发生跨省拘捕，而不是本省拘捕，其根本原因在于本地媒体很少会对本地政府、司法机构进行批评。一方面，是由“党报不得批评同级党委”的宣传纪律所决定的；另一方面，也是因为碍于人情关系、社会压力、市场考量等，本地监督对于媒体而言越发显得困难。因此，异地监督就成为中国媒体一个普遍的现象，成为我国媒体实现自身媒介监督职能的变通方式。在异地监督的过程中，由于不存在利益的羁绊以及人情世故的牵制，媒体的言论往往更激烈、批判往往更直接、监督往往更大胆，因此也就更容易

触及被监督者的利益底线，从而引起其利用司法机关进行反弹。

通过上表统计我们可以看出，“跨省拘捕”是一种非常复杂的执法现象，反映了司法权力和媒介权力之间纠葛的互动关系。首先，事件的起因都是因为记者的报道触及了相关利益集团或个人的实际利益，造成了名誉损失；其次，报道涉及的可能并不是司法机关的直接利益，但是作为本可以通过正常诉讼途径解决的民事争端，公安机关的介入给人一种滥用职权、打击报复的印象；最后，事件的结果更加纷繁复杂，有的记者确实被查明收受贿赂，但有的记者拘捕理由牵强，司法机关也难逃打压舆论之嫌疑。

在以上列举的一系列“跨省”案件中，《新快报》记者陈永洲案以其反转剧似的剧情令人印象深刻。

2013 年 10 月 18 日，广州《新快报》记者陈永洲被湖南长沙警方跨省抓捕。事件的起因是陈从 2012 年 9 月至 2013 年 5 月间对长沙知名企业中联重科发表的一系列揭露性报道。陈永洲被捕后，《新快报》立即作出回应，于 23 日出版的报纸头版头条刊发“请放人”等大幅标题（见图 4.11），要求长沙警方释放陈永洲。一时间，《新快报》和陈永洲得到了业内外人士的广泛支持，互联网上更是群情激奋，纷纷要求长沙警方尽快放人。而中国记协也随即介入事件，要求公安部依法处理此事件，保证记者的安全。

新快报

中产·白领的报纸

各位读者，我们的记者陈永洲报道了中联重科财务问题，然后他就被长沙警方跨省抓走了，罪名是涉嫌损害商业信誉。对此，我们要呐喊——

请放人

敝报虽小，穷骨头，还是有那么两根的

图 4.11 《新快报》2013 年 10 月 23 日头版版面

然而，事件在10月26日出现反转，经公安机关查明，陈永洲确实收受了贿赂，从而有针对性地对中联重科采取了诋毁报道，陈永洲的行为已涉嫌有偿新闻、虚假报道等违规行为。当日，《新快报》发表道歉声明，承认报社对稿件把关不严。随后，陈永洲被开除，《新快报》主编被免职，国家新闻出版署发表谈话，要求各新闻单位和新闻记者吸取教训，坚决杜绝新闻敲诈和有偿新闻。

在该事件中，由于陈永洲的违法违规行为被很快查处，使得之前还为他奔走疾呼的学界和业界人士难免有失颜面，因此，事件的后期，学界和业界纷纷陷入一片自我检讨的局面。但是，却很少有人意识到即使是记者真的有失职业道德，公安机关的“跨省拘捕”仍然给新闻自由和新闻独立造成了不可忽视的实质性危害。

这种危害首先来自媒体进行舆论监督的权利与边界被公安机关越权界定。毫无疑问，媒体代表公共利益，媒体对公权力、包括与公权力关系密切的组织和个人的监督，自然会触碰到被监督者的利益。而这一监督权力的界定和边界究竟由谁来界定，并且应该得到怎样的保护，又或是怎样的限制，这是一个需要经由媒介与权力主体进行平等对话和协商的社会议题，或是经由审判机关依法裁决的法律议题，而不应该由公安机关越俎代庖。

这种危害同样来自公安机关代替了审判机关成为对媒体和记者进行“问责”的主体。既然界定的权力应交由法院行使，而处理的方式也应该是依法进行的裁判。自诉案件应该由法院受理。此类荣誉侵权案件应首先归属于民事案件的范畴，公安机关不得在法院宣判之前对任何人采取限制人身自由的强制措施。

最后，这种危害也来自被问责的主体由媒体机构变成了媒体记者。最高人民法院于1993年颁布的《最高人民法院关于审理名誉权案件若干问题的解答》第六条明确指出，作者与新闻出版单位为隶属关系，作品系作者履行职务所形成的，只列单位为被告。此外，《中华人民共和国民法典》第一千一百九十一条规定，用人单位的工作人员因执行工作任务造成他人损害的，由用人单位承担侵权责任。

相比于组织，个人的力量毕竟单薄，影响毕竟有限。公安机关跳过司法审判机关成为所谓“追责”主体，对记者个人进行直接追责甚至是拘捕，在违反法律规定的同时，更践踏了新闻的尊严和新闻自由，也对其他记者造成了无形的心理压力，严重破坏了新闻自由和新闻监督的实践氛围。对于新闻记者而言，既然报道企业、官员都有可能招致公安机关的传唤，那么，如果被监督的对象换作了司法机关本身，则意味着会面临着更大的风险。于是，可以想象，新闻记者在进行涉司法机关的监督性报道中，一定会对新闻事实、报道角度、用词造句进行反复掂量，这一方面从客观上促进了新闻报道的严谨性；另一方面也使新闻的舆论监督功能大打折扣。这也是在众多的涉司法负面报道中，记者大都采用变通的话语策略，对司法机关提出直接批评的案例并不多见的一个重要原因。可以说，这是记者进行自我保护所作出的必然选择。

而从司法改革的角度出发，建立以审判为中心的司法体制，加强审判权、削弱侦查权是本轮司法改革确立的重要目标之一。也就是说，限制警察权的过度膨胀对司法公正可能带来的危害，已经成为法律界人士的共识。而公安机关通过“跨省拘捕”这种绕过审判机关直接对新闻自由进行打压的行为，与司法改革的要求不符，也与司法部门希望树立的审判中心、审判权威的形象大相径庭。

正因为如此，有业内人士就指出，媒体对于一个企业或个体的监督毕竟是定向伤害，而公安机关跨省刑拘记者，则是全局伤害。因为这种行为，既伤害了新闻的自由与尊严，也伤害了司法自身的形象。

二、政治权力："主导话语下的多元再现"

（一）"主导话语"的控制手段

当我们考察现阶段司法形象在我国各类媒介上的再现这一问题时，政治权力作为我国新闻事业的主导性力量是我们最为无法忽视的。“党管宣传”“党管媒体”是我国新闻体制最大的特征。不管是在革命战争年代，还是在中华人民共和国成立初期以及当下，党对新闻事业的主导就像一根主线贯穿于中国共产党的新闻事业史。改革开放以后，党和政府需要让渡出部分的政治权力交由社会，从而激活市场活力，“事业管理、企业经营”的新闻体制改革遵循了一种双重逻辑，“事业”意味着政治权力的主导，“企业”意味着市场权力的主导。

长期以来，市场和政治两大权力始终在编辑部场域呈现出一种角力的状态。但是，不可否认的是，在当前的体制框架内，媒体所需要遵循的还是在政治安全的基础上，再追求经济利益，也就是说，经济力量要接受政治力量的规制和主导，一旦两者发生抵牾，经济一般都要服从于政治，因为前者只是决定媒体的生存状态，后者则直接决定了媒体的生存前提。

政治力量影响最终的内容生产，大致通过对媒介组织的宏观控制，对人事任免和“收编”的中观控制，以及正式或非正式的宣传指令、具体报道的干预、事后的审查等微观控制来得以实现。

1. 宏观控制

新闻从业人员在新闻生产过程中受到双重制约，一是要服从专业规则，二是要接受组织的制约。在党报这一直接代言政治意志的媒介组织中，记者的主观性和个人观点相比组织的报道原则而言显得微不足道，不管是消息报道，还是社评社论，记者的发挥空间非常有限。这种限制还发生在其他社会化媒体的编辑部场域之内，党和政府的理念观点通过专业化的组织规范被内化于日常新闻生产之中，大部分情况下，新闻记者遵循着既定的报道范式和叙事框架进行日常新闻的报道。也许在调查性的深度报道和负面报道中，社会化媒体记者的主观能动性才可以得到较大的发挥，但这种发挥依然要受到诸多限制，即使得以成文，也不见得都能发表。以擅长调查新闻的《南方都市报》为例，每年至少有 10—20 篇深度调查稿件因不符合舆论导向而被撤回，而对于《南方周末》，2012 年更是被撤稿了 1034 篇。

显然，记者的报道受制于媒介组织的控制，而媒介组织又受控于政治权力。在中国，办报或办媒体的资格，是一种非常重要的政治资源。对于网络媒体以外的主流媒体而言，不管处于何种立场、代言哪个社会群体，其产权归属仍属于各自隶属的处于党的宣传体系之内的新闻出版机构，比如《南方周末》就隶属于南方报业集团,《京华时报》则隶属于人民日报社。这种产权所属关系保障了我国新闻媒体的话语表达能够基本遵循政治意图,而自觉归属于主流话语的建制之内。

2. 中观控制

虽然媒体的经营已经面向市场，但是媒体的人事任免依旧掌控在各级党政权力手中。对于这种人事任免的控制手段，在前文对司法直办媒体的分析时已有详细的描述，对于各级党报而言，其方式是非常近似的：报社的中上层领导均进入到国家干部序列，享受一定的行政级别，尤其是报社的主要负责人，其仕途往往是和党委及行政单位相贯通的，今天的党报社长很可能就是明天的宣传部部长。这就是在社会学理论中谈到的“旋转门”现象，这一现象是指媒介和政界之间人员互相流动的现象，这被认为是媒介和政府部门的精英在内部进行权力转移的特殊形式，在强化相互之间信息流动的同时巩固了权力精英内部的“共生”关系。在中国，这种宣传部门与党政部门间领导的“旋转门”式的交流则更加密切化和制度化。

而对于有别于党报和司法直办报刊的社会化媒体而言，情况则稍显复杂。随着我国媒介市场化的程度越来越高，与之相伴的媒介组织内部用人制度也越来越趋向于多元化，合同制、聘用制乃至临时用工现已成为媒介组织的普遍做法，我国媒介组织的用人制度正由“人事管理”向“人力资源管理”转变。但是即便如此，社会化和市场化程度较高的媒体的高层负责人依然由上级主管部门任命，对于主管部门而言，政治素质是选择负责人的最重要条件，一名负责人工作的合格之处正是在于可以很好地把党的宣传意图贯彻于媒体的新闻工作中。相反，如果媒体负责人不能够保证媒体的宣传话语与党的宣传导向保持长期的一致，则会被认为失职。

此外，对于广大处于一线的新闻记者而言，人事的管控似乎并不见得总能够奏效。很多新闻记者都是贫寒的知识分子出身，中国传统的“文人论政”观念以及日益被广泛接受的专业主义理念，使他们往往在“交皇粮”的同时，总是想方设法地进行“临场发挥”，以期达成自己的文人操守和新闻理想。他们对于仕途可能并没有过多的追求，又或者处于一种“求之而不得”的状态。因此，个人的政治前途和职务升迁的愿景只能在媒介管理层中发挥作用，对于一线记者效果就要弱化许多，面对这种情况，政治力量采取的办法是“收编”。

3. 微观控制

通过对人事安排的把控，对新闻理想的转换，政治权力在市场经济环境下依然牢牢掌控媒介组织。基于此点，新闻记者对于党的指令也更容易接受和服从，党和政府从而通过正式或非正式的宣传命令来实现对新闻工作的具体掌控。我国新闻媒体要严格遵守宣传纪律，宣传基调要符合各级宣传主管部门的意见、方针、策略。这些意见、方针、策略的内容有时是宽泛的，有时则非常详细，通常会明确对哪些热点新闻采取何种报道态度，是大力宣传、还是尽量淡化或者严禁报道，都有严格的指示。尤其是那些明确指示不得报道的新闻事件，相当于宣传主管部门划出了清晰的红线，任何媒体不得触碰。这种宣传指令不单需要在新闻类、时政类媒体内部进行例行通报，甚至在农业、科技、医疗、体育等专业媒体中也被要求传达和遵守。除了严格的常规性正式指令以外，媒体还可能因某些具体报道而收到非正式的指令，这些指令一般都是对即将发表的稿件要求进行改写和禁止发表的。

此外，事后审查和追责机制确保了记者和编辑在稿件发表前要进行反复的个人审查，使报道尽量符合政治宣传的导向和要求。新闻审查并不是我国特有的媒介监管体制，在英、法、美等西方国家都存在着严格的新闻审查制度，其目的都是要求媒体报道遵守社会主流意识形态。在我国，新闻审查以媒体内部的事前审查和监管部门的事后审查相并重，新闻的事前审查主要以主编作为媒介把关人和媒体人自律来实现，而事后审查则与追责机制绑定。有学者梳理了我国新闻审查制度的相关文件规定，发现从 1988 年 11 月国家新闻出版署下发的《关于加强对报纸、期刊、图书审读工作的通知》到 2005 年颁布实施的《报纸出版管理规定》和《期刊出版管理规定》，已将“媒介审读”从重要的工作方法上升到制度层面，至此，审读以一种制度身份，正正规规进入新闻出版法规、法定的殿堂。在对报纸的事后审查中，一旦发现刊登有《报纸出版管理条例》规定的禁载内容，以及违反法律法规和党的政策的内容，将依照《条例》采取一定的行政措施（如下达警示通知书、责令收回报纸）或者给予行政处罚（如限期停业整顿等）。

这种简单划归的表述方式只是将政治力量主导新闻生产的方式进行一个简单的归类，而在实际的新闻实践中，这套控制机制则呈现出一种非常复杂的局面。一位党报的记者，很可能长期处于这样一种工作状态之下：重要的、时政类的稿件，每一篇都要报送时政部主任或值班总编审阅，签字后方可付印发表；而遇到敏感事件或是特殊时期，报社领导的审阅甚至是不够的，还要送审到党委宣传部；在日常的新闻工作中，经常会掺杂着各种领导、部门的相关意见，几乎每一天都要接到或通气、或指示、或说情、或批评的电话；稿件在刊发以后，仍然可能受到来自各方的批评压力，记者对稿件必须先做好自我审查的工作。这种工作常态保证了党报记者可以完全作为党委意见的传声筒和扩音器，成为政治力量的代言人。而对于社会化媒体，情况更不轻松。对于立志维护公共利益，以新闻专业主义和对政府公权力的监督为理念的媒体而言，“临场发挥”成为主要的变通方式。

党和国家的政治力量正是通过这样的方式，在宏观上以党管媒体的宣传体制将媒体置于党的新闻事业的框架内，即使市场化的深入也不能使媒体游离于政治控制之外。在中观上，通过人事的任免和对新闻记者的“收编”来保证控制机制的有效性。而微观上则通过一条条具体的指令、一份份具体的文件来规制媒体的新闻报道。再加之治理体系内部纵横交错的关系网络和利益交换，使得中央和地方之间、地方和地方之间、政府和司法部门之间，能够联合起来对冲突性的司法议题进行控制，报道空间和尺度被极度压缩。最终的结果使得包括司法形象再现的新闻报道能够始终被置于政治主导的框架之内，能够保证基本正面的形象展示。

（二）“多元再现”的逻辑原理

但是,政治的控制并不是一定要求“众口一词”地展示出完全正面的形象来，在主导话语得到严格执行的前提下，多元化的表达是政治权力所允许，甚至被鼓励的。

西方学者认为，只有西方民主社会政体才能够保证公权力在透明开放的状态下运行，从而实现人民对政府的监督。“三权分立”的制度设计，再加上对媒体“第四权力”的尊重和敬畏，使得自由民主政体建立在开放和较为透明的运行规则上，这些规则存在着对违背合法操作程序的行为的检查机制。但是，随着中国共产党执政能力的不断提高和制度建设的不断完善，在我国现行的政治制度下，监督机制依然可以非常有效地运行，来自党内的纪检监督、司法部门的监督、人大的监督、民主党派的监督，以及新闻媒体监督和社会公众监督，共同构成了政治权力的监督体系。

这是因为，司法机关拥有很大的权力，如何把权力关在笼子里，那就是对司法权力的适时监督，除了体制本身的监督以外，就是要引入和加强媒体的监督。这也是倒逼司法机关工作的有效方式，同时作出了回应民众要求的民主表现,是新时期下取得民众支持和执政合法性的重要途径。然而在一些特别情况下，司法部门还可以作为阻隔政权和民众之间的“防火墙”，在必要的时候，可以以牺牲司法部门的部分形象来保全党和政府的形象。

正是基于以上原因，使得媒体对司法形象的多元化再现拥有了结构性的机会。而对于作为研究对象的主流大报而言，不管分属官方话语还是社会话语，它们都非常清楚舆论和监督的底线和边界，虽然在局部偶有越界，但在整体上却始终悉心拿捏着报道的尺度。于是，我们看到在主导话语下，正面的司法形象再现依然是中国新闻舆论的主流，而负面的形象再现则在两个方面得到合理的控制：一是数量上的，二是报道策略上的。

（三）“主导话语下的多元再现”的具体表现

对于诸如《人民日报》等主流党报，其对司法改革的报道是始终被置于党对司法工作的绝对领导这一报道框架之下的，在这里，司法改革取得的成绩是党不断加强依法治国建设的生动体现，正面的司法形象也成为党积极履行法治建设职责的重要反映。总体上看，《人民日报》中司法正面报道大大多于负面报道，而负面报道也多像直办媒体一样将批评框架转化为改进和表扬的框架。但与司法直办媒体不同的是，《人民日报》代表的终究是党的利益，它是总的政治权力的代言人，因此，在对司法形象的再现中，始终处于一种俯视和监督的立场。于是我们看到了类似《警察，你凭什么打人？》等具有强烈倾向性的批评报道。当然我们也应该看到，这种批评和监督既是出于对公共利益的维护，更多的还是出于对政党利益的维护。因此，此类报道更多的是为再现党的正面形象服务的，它暗示着这样一种观点：党的司法政策本身是好的，但是由于少部分司法机关或政法干警的理解不够、认识不足、执行不到位，使得政策的效果与党的初衷出现了偏离，从而使党的形象蒙羞，党对此种行为是绝不偏袒和维护的。

对于《南方周末》《京华时报》等社会化、市场化媒体，承认党对司法的领导是任何司法新闻报道的首要前提，这是政治力量对媒体的绝对要求。不同于党报和司法直办媒体的是，社会和市场媒体对司法形象的负面再现要多出很多，但是并没有超出一个合理范围，至少在报道数量上，依然可以看出正面报道多于负面报道是普遍现象。即使是在最容易出现负面报道的深度调查类新闻中，我们通过对擅长于此的《南方周末》的考察发现，负面报道仍不能占据明显优势。

一般认为，对于正面事件的报道，深度调查式的采访方式可能不像对负面事件报道时具备那么多的施展空间，但《南方周末》通过对优秀法治人物、好的司法经验以及司法体制改革等题材的深度挖掘，很好地平衡了正面报道和负面报道的比例。

再看各媒体的报道策略，唯市场占有和经济利益驱动的媒体不占少数，此类媒体目的明确，其报道往往专注于描绘司法案件的细节，多采用演绎化、娱乐化的笔法，因此很难激发起读者对事件背后的司法机关、司法机制、司法环境等深层次问题的思考，对于司法形象的再现也无所谓正负好坏，这种报道策略使自己专注于经济效益，而远离政治麻烦。而对于有着强烈社会责任意识的媒体，对负面新闻的报道策略则呈现两种模式：

一是弱化对司法部门的质疑和批评，转而寻求对机制的讨论，并且这种讨论是业务层面上的，仅限于就事论事、就案论案，不去质疑更深层的问题。媒体很好地拿捏了这种界限和力度，这是多次进行“临场发挥”的结果。对于本书的议题而言，这种界限被划定为司法改革层面为止。对更深层的宏观政治议题进行批评是属于党报的“特权”，并且这种批评一旦启动，往往被认为是重大改革的序曲和前兆。对于社会化媒体而言，政治权力没有赋予其进行这种批评的资格。

二是负面报道仅限于地方司法机关，对中央级司法机关基本都是正面报道。通过统计分析我们发现了这种现象，其本身就是“主导话语、多元表达”的一种体现，其背后的原因也不难理解：一方面，地方司法机关处于司法一线，容易做出具有争议的行为；另一方面，政治权力对新闻媒体的主导地位使对中央层面的议题只能做正面的宣传，将讨论和不同意见公开化都是不被允许的，甚至会被判断为具有政治意图的，因此媒体的监督职能只对地方层面开放。对此，我们还将在下文中专门进行探讨，在此不多做解读。媒体对中央级别的司法机关，具体来说就是最高人民法院、最高人民检察院、公安部、司法部的报道则恰恰相反，基本上是正面的报道，中性报道都很少，更不用说负面报道了。例如：2014 年 12 月全月里“澎湃新闻”对中央级司法机关的报道有如下几条：

1. 最高检举行首次检察官集体宪法宣誓：忠于宪法和法律（2014 年 12 月 4 日）

2. 首个宪法日邀冤案当事人参观，最高法誓言依法纠错保障人权（2014

年 12 月 4 日）

3. 七地司改试点方案均获批，政法委主导法官遴选委员会模式被否（2014 年 12 月 18 日）

4. 最高人民法院院长周强：决不允许出现群众“求告无门”的现象（2014 年 12 月 20 日）

5. 最高法巡回法庭被曝首设深圳沈阳，跨区域法院亦将挂牌（2014 年 12 月 24 日）

6.17 年来公安部首开全国刑侦会：主动适应以审判为中心的改革（2014 年 12 月 24 日）

7. 曹建明：“刮骨疗毒”整治刁难律师等八项司法不规范问题（2014 年 12 月 26 日）

8. 最高法决定取消各地高级人民法院考核排名，杜绝年底有案不审旧习（2014 年 12 月 26 日）

9. 最高法第二巡回法庭首任庭长胡云腾是个怎样的法官？（2014 年 12 月 29 日）

10. 最高法：确保非公有制经济主体受到平等刑事保护（2014 年 12 月 29 日）

11. 最高检新规保障律师执业权：律师会见犯罪嫌疑人，严禁检察机关监听（2014 年 12 月 29 日）

12. 最高法通报七起违反八项规定案：甘肃法官上班时打麻将被举报（2014 年 12 月 29 日）

13. 案多人少，法院干警英年早逝现象频发，最高法要求建健康档案（2014 年 12 月 30 日）

通过“澎湃新闻”的案例，我们不难看出，媒体所展现出的中央司法部门是一种积极有为、与时俱进、不断改进工作的正面形象。相比起地方司法更加复杂、更加多元、有好有坏的司法形象而言，中央司法形象显然要单一得多。经过上文的讨论，我们发现，政治权力主导和有限开放监督是导致在司法形象的媒介再现上出现中央和地方两极化现象的根本原因。

综上所述，在当前中国的现实语境下，政治权力仍然是各类媒体的主导力量，不同媒体对司法形象的再现可能呈现出不同的差别，但是无可否认的是，承认党对司法的正确领导是一切报道的前提。政治权力对媒介收放自如的控制，以及宏观管控和定向放任相结合的控制手段，造成了司法形象在政治主导话语下的多元再现和多元表达。

三、经济权力：司法媒介形象的重要塑形力量

时至今日，经济因素已经成为影响我国新闻业生态和内容生产的决定性因素之一。从 20 世纪 90 年代肇始的新闻体制改革，使得政治权力在经营领域逐渐退让，经济权力和市场逻辑回归本位，而经过 20 年的市场化发展，中国传媒业的生态早已不同往日，经济和媒体、市场和新闻产生了更加紧密和复杂的关联与镶嵌，这已经不是通过简单的广告和发行量的观察维度可以解释的了。

有学者形容中国新闻体制的改革叫作“外部断奶，内部搞活”。所谓“外部断奶”，是指过去那种由国家财政养活新闻媒体的体制一去不返，报社的收入全部依靠自收自支、自负盈亏，媒体与国家的经济脐带被彻底斩断。而所谓“内部搞活”则是为了应对外部的“断奶”，而调动传媒内部各个层面的积极性、主动性和创造性，以更好地适应市场的竞争，并实现经济利益的最大化。一般来讲，政治权力为了减轻自身的包袱、卸掉体制压力而进行新闻机制的市场化改革，这种认识以及因为“外部断奶”而不得不“搞活内部”的逻辑被大部分学者所接受。但实际上，我们也应该看到媒体内部存在着为了“搞活”而必须“断奶”的思维，只有彻底摆脱对政府财政的依附关系，才能够真正实现媒体的独立和自主。事实上我们也看到，经济上更为独立的媒体，在报道的自主性和灵活性上取得的成绩就更突出。

但不管如何，改革一经启动，市场就会按照它自身的机制和逻辑对中国的传媒业产生深刻的重塑。而不断扩张的经济权力，也必然会触碰到政治权力和社会权力的利益。在不同的媒体场域内存在着不同的权力争夺态势，在经济、市场与政治、社会的博弈和张力之中，司法改革这一无可回避的重大社会议题通过一个个具体化的媒介形象而得以展示。

如果以时间为轴进行纵向的观察，我们会发现，从 1979 年上海的两家报纸

试探性地刊发广告，并迅速得到中宣部的肯定，到 20 世纪 90 年代的晚报热和都市报的兴起，再到进入 21 世纪以来互联网等新媒体所盘活的惊人的市场容量，媒介体制的改革始终是沿着市场印记的不断深入而进行的。

但这种市场印记显然是不均衡的。如果通过纵向的比较，媒介的市场化程度会呈现出一种从弱到强的排列。以《人民日报》《法治日报》为代表的官方媒体，市场化程度相对较弱，强调的体制压力让市场话语处于弱势；以《南方周末》"澎湃新闻"为代表的公共利益媒体则很好地取得了专业主义与经济利益之间的平衡；而以《京华时报》《法制晚报》《新京报》为代表的市场化媒体，其对市场逻辑和经济规律的尊崇则更为彻底。

党报是社会主义意识形态最重要的宣传阵地，而相对于官方媒体而言，其他媒体则必须独自参与到市场的激烈竞争中去。本书把市场运营机制的媒体划分为公共利益媒体和市场化媒体，这其实是按照媒体的责任表现和目标受众的不同所做的划分，而实际上，这两类媒体都有着非常成熟的市场化运作体系。

经济权力对编辑部场域产生直接影响的一个重要形式是，媒体的广告投放商对内容生产的干预。这种干预，主要表现为对企业的正面宣传，以及对企业或者其所在行业不利言论的弹压。在商言商，广告商所关注的还是自身的经济效益和社会声誉。它们很难对政治改革和司法改革产生强烈的兴趣，进而干预媒介内容的生产。

那么，在司法改革的议程上，能够影响到内容呈现的经济因素则主要是媒体的目标受众。

有人认为，彰显社会责任的媒体往往很好地抵消了市场的不良冲击。以《南方周末》为例，市场权力和社会权力在编辑部场域中的博弈一直是学界所热衷的一个话题。但实际上，笔者认为，在《南方周末》的编辑部场域中，所谓市场和公众，所谓经济效益和社会效益，两者之间早已达成了辩证的统一，两者互为手段，又互为目的。这一说法的落脚点在于报纸的精英受众群体。对于公共利益媒体，经济利益和公众利益之间谁是目的，谁是手段，固然是一个值得辩论的话题，但是毋庸置疑的是，没有市场的支持和经济的独立，报纸不可能获得那么大的自主权，为社会话语撑起更大的公共空间；反过来，如果媒体缺少了这种责任意识，社会精英所构成的受众市场也不会买账。

事实上，随着中国接受高等教育的人群越来越多、中产阶级越来越壮大，以精英为主体的阅读人群的规模早已蔚为可观，这为《南方周末》提供了广阔的市场空间，报纸超过140万份的期发行量就是佐证。而社会精英和知识精英也代表着更为雄厚的经济实力和更强的购买力，报纸也因此取得了更为可观的广告收益。由此，报纸创收的客观需求、满足目标受众阅读兴趣的本职同媒体对公共利益的维护、对社会责任的承担，达成了统一。于是我们看到，在司法改革的议题上，《南方周末》专注于对司改议题的多元表达，对司法形象的丰富再现，而这种表达和再现也显得更具建设性和实际价值，这实际上是尊重了自己的目标受众市场，是市场逻辑的具体体现。可以说，在司法改革这一单一议题上，《南方周末》确实没有受到来自市场的负面因素的影响。

但是，对于本研究中的另一类报纸——都市报而言，高举市场化大旗的它们，市场的影响所表现出的消极效果则要明显得多。当然，在司法议题上，市场影响媒体的路径都是一样的，都是由目标受众决定内容呈现。但与《南方周末》这样的全国性大报不同的是，都市类报纸首先只在某一城市和区域内有影响力，受众市场小，同时，其受众群体也更加市民化和草根化，与此相关联的一点是，都市报的竞争压力似乎也更大。

媒体的受众定位决定了其广告定位。因此，通过对广告的观察，我们可以更好地掌握到受众的基本情况。通过《京华时报》《法制晚报》《新京报》三家报纸同《南方周末》在地产和汽车两类广告的简单比较发现，《南方周末》的地产广告主要是中高档楼盘，且一般都紧邻地铁和交通枢纽，有着更优越的地理位置；而汽车广告则以中高档汽车为主，品牌多集中于德、美车系。而《京华时报》等三家媒体，其地产广告主要以中低档楼盘为主，地理位置则远离市区，相信很多在北京有生活经验的人们对“打着40分钟直达国贸的广告语，而楼盘的位置却已到了河北”这样的地产广告并不陌生，而汽车广告则是中低档汽车，品牌多为日系、韩系。由此，我们可以推断，虽然随后三家都市报都不约而同地提高了媒体品位，有些向精英化靠拢的趋势，但其主要受众还是普通的市民阶层、工薪阶层和草根阶层。

司法改革的议题很难以一种制度建设的方式略带学术讨论的话语风格进入到市民阶层，对于他们来说，服务性、娱乐性信息重于知识性信息、短新闻好过长新闻，可读的故事性强于晦涩的理论性内容。尽管“受众需要什么”并不能被客观描述，但无论如何，很多时候，媒体是尽量迎合大众口味的。也正因为如此，我们看到都市报对司法改革议题的弱参与姿态，其热衷于报道的，则是具有“坏消息”属性的案件新闻。

大部分情况下，市场化媒体并没有像自己标榜的那样关注民众利益，他们的记者更多地认为，报纸成功的关键在于是否可以给读者提供好的故事，甚至把新闻业看作是娱乐业的一部分。案件新闻所具备的矛盾、悬疑、冲突、戏剧性，以及暴力等的成分，都是很好的故事要素，从某种程度上讲，都市报对案件新闻的热衷有种将自己“小报化”的自我矮化倾向。

其实，市场化媒体的症结还不在于只是对案件的热衷，问题在于，对案件的报道最终指向的目的是“揭示”还是为了“揭丑”。如果通过案件的报道，可以让某一真相得见天日，或者揭露出某种制度上的漏洞和弊端，并由此而推动司法改革和社会发展的进步，那么都市报的积极意义就一定是要被肯定的。但如果只是为了“揭丑”而“揭丑”，而不去自问“揭丑”之后应该做些什么，那么都市报的做法就是应该被批判的。

对此，我们观察到的实际情况是，以《京华时报》为代表的具备一定的知名度和影响力的都市“大”报，在强调市场逻辑的同时，还是会兼顾到媒体责任和媒介形象的。也就是说，在以市场为导向的整体框架下，这几家报纸并没有放弃新闻专业主义的职业操守和维护公共利益的媒体责任，而具体到报道个案上，我们看到的是，市场主义和专业主义的消长，是根据事件不同的社会影响、不同的舆论反映而由媒体主动作出的调适。

在面对一般性的案件报道时，市场化媒体看重的仅仅是事件的故事价值，在对报道框架的选择上，就会使用市场逻辑为导向的报道框架。这样的报道，往往关注案件的细枝末节，对案情经过进行绘声绘色的描述，报道最终的效果仅是满足了受众的窥探欲和猎奇欲，司法机关在案件办理过程中的作用被淡化和忽视，司法形象往往作为背景存在而变得模糊不清，自然，此类报道也无助于公共领域的司法改革议题构建。而当某一案件成了社会焦点、具备了强大的社会影响力、吸引了大众的广泛关注时，特别是对该案件形成一定的舆论共识以后，市场化媒体则会采取新闻专业主义的报道框架，虽然其中也不乏市场的考虑，但严肃、认真、公平、客观、人文关怀、平民视角成为此类报道框架的主要特点。如果处理得当，媒体既迎合了受众、笼络了市场，又顺应了舆论，承担了媒体责任，可以取得经济效益和社会效益、媒体收益和媒介形象的双向获利。

当然，我们应该看到的是，即使采取了专业主义的报道模式和平民化的报道视角，对于体制性的敏感话题，都市报一般都不会做过度的探究；对于具备一定政治风险的问题，都市报采取的策略是“绕着走”。

同时，还应该看到的是，都市报即使部分代表了社会诉求和公共利益，但议题选择的逻辑还是市场化的。准确地说，是社会热点为都市报设置了议题，而不是相反。纵观我们考察的三家媒体数百篇报道，没有发现任何一个热点的司法议题是由它们率先发起的，[①] 三家市场主导媒体所做的，都是在“媒体共鸣”期和社会舆论爆发期的跟随性报道,而随着“媒体共鸣”和社会舆论进入衰退期，又会有新的热点事件进入舆论场中心，都市报也跟随热点的转换迅速置换了自己的议题。因此，市场化媒体很难像《南方周末》一样对一个议题作出长达十年的跟踪报道，市场经济的根本要义是根据市场需求进行资源配置，都市报的生存之道也正在于此。

当然，本研究选择的三家市场化媒体，都具备了一定的影响力和知名度，虽然偶有争议，但经过多年的发展，基本树立了正面的媒介形象。在内容上，其新闻选题和报道风格在趋近于市场主导框架的同时，也尽量兼顾到了媒体的社会责任。对于一些研究者在相同媒体研究中提到的法制新闻的低俗化、审丑

---

① 笔者掌握的情况中有一个例外,但与本研究选定的媒体范围无涉:《河南商报》最先报道了佘祥林一案，发现了其可能存在被冤的客观事实，但是，其报道并没有引起广泛的关注。反倒是《南方周末》接管了这一话题后，通过一系列报道触发社会各界的广泛讨论，使此案成为焦点事件，这也从一个侧面说明了都市类、地域性媒体在影响力上的不足与无奈。

化等问题起码在本研究选择的文本中表现得并不明显。但是，可以想象的是，在其他一些格调不高，只一味追求发行量的媒体，又或者正处于“野蛮生长”阶段的初创媒体而言，学者们所指出的现象，一定是客观存在的，其对司法改革议题的构建非但不具建设作用，甚至会起到反效果。

在日益细分化的传媒市场中，每家媒体都有着各自不同的目标受众，并以此定位自己报道的风格与立场。我们不能严苛地要求每一家媒体都向《南方周末》《财经》《财新》看齐，事实上，在生活节奏愈来愈快的当今社会，人们在紧张繁忙的工作生活之余，也需要轻松、诙谐、可供消遣的信息进行合理调适，市场主导媒体向市场提供了此类信息产品。这种市场供给模式本无可厚非，英国有着百年历史的《泰晤士报》《金融时报》《卫报》等大报，也同样有着百年历史的《太阳报》《镜报》《世界新闻报》等小报，大报和小报的共生共存恰恰说明了新闻市场的成熟。但是，对于正在进行加速转型的中国社会，诸如司法改革等重大的社会议题，显然需要更多的公众参与，以此促进决策的民主性和人民性。对此，与市民社会相对应的市场化都市类媒体，更应该跳出功利化的局限，担负起媒体应有的社会责任。

四、社会权力：以公共利益为体，以专业主义为用

（一）公民的“广场”：网络力量

进入新世纪以来，网络的兴盛为公共领域提供了一个栖身之所，相比之下，在当今中国的现实情况是，能够大范围地聚集民意、引发讨论的地方非网络莫属，网络为大众提供了一个信息交换、观点交流的“广场”。

“知屋漏者在宇下，知政失者在草野”。执政党的正确和智慧之处在于，在互联网初创和发展时期，政治权力并没有像对综合性媒体一样给予过多的干预和控制，这就使得政府有了一个更加广阔和有效的渠道，用以体察社情民情，进而弥补了官僚系统控制下的信息搜集系统和政治沟通系统的先天不足。可以说，互联网从一定程度上帮助政府实现了去科层化。虽然我们明显感觉到，近些年来政治权力对互联网的管控正在加强，但其结果并不一定必然导致公民社会和公共领域的萎缩，因为，如今的社会权力已经由“零星”化和“碎片”化的发展实现了一定程度的凝聚和整合，政治权力只能成为参与博弈的重要一方，但绝不能够成为规则的制定者和输赢的判决者了。因此，不管是从社会经济发

展的角度，还是从技术升级进步的角度，互联网所承载的社会权力的继续壮大应该是一个不可逆转的发展趋势。

那么，互联网对专业媒体机构、司法新闻的生产，以及司法形象的再现起到了哪些作用呢？笔者认为有以下几点：

1. 互联网为司法新闻提供了大量选题和素材

新闻记者的选题从哪里来？互联网显然是一个蕴藏着惊喜的“富矿”。互联网为公共话题的产生、酝酿和发展提供了一个独立的公共领域，从而使其最终进入到专业媒体的视野。虽然网络总因为这样或那样的弊端而被人诟病，但其显然已经成为最为重要的“曝光”“爆料”的“集散地”。无论如何，网络的兴起都为媒体提供了源源不断的司法选题的来源。中国如此之大，我们的记者再敏锐、再能干，能够得到传媒关注的案件也毕竟极其有限，真正能够进入记者视线的，恐怕还是在网络空间已经历过相当发酵，具备一定热度的事件。例如，在中国新闻史和法治史上都具有里程碑意义的“孙志刚事件”的报道，就是《南方都市报》记者在“西祠胡同”论坛浏览到的一篇由受害人同学的同学所发表的一篇帖子，并根据帖子提供的线索联系到当事人的同学，进而完成的报道。“西祠胡同”论坛在当年网络空间里具备很强大的影响力，聚集了一大批有思想的知识分子，每天都会产生大量的发帖量。可以想象，如果缺少了“西祠胡同”这个平台，孙志刚的冤死恐怕永远难以为世人所知，而中国收容制度的终结恐怕还要再等上很长的时间。

类似的例子还有很多，例如，云南“李昌奎案”进入媒体视野，也是由被害人的家人在认为对李昌奎量刑过轻后，将事情的来龙去脉发表在了网上，从而引起了轩然大波和广泛讨论。

从这一点上说，网络为专业媒体提供了司法新闻的素材，一定程度上为媒体设置了议程。

2. 网络是媒体人的另一个表达渠道

洪兵、张志安在对《南方周末》的记者行为进行研究时发现，当调查记者的稿件由于公关和压力等原因而被“枪毙”时，记者会选择把稿件寄给其他媒体发表这一“突破”方式。但是可以想象，此种做法的结果很可能会导致其他媒体也面临同《南方周末》一样的处境，也就是说，《南方周末》发不了，别的媒体也很有可能发不了。而有了互联网，特别是微博、微信等自媒体以后，媒体记者有了一个更加便捷、可靠的表达渠道，通过记者的个人行为进行发布，既促成了事实的发表，也没有给媒体组织带来过分的压力。事实上，我们看到近些年很多新闻事件的曝出，都是通过新闻记者的自媒体渠道得以曝光的。

3. 网络为专业媒体提供助力

首先，网络扩大了新闻报道的影响力。很多原本并没有太大影响力的媒体所报道的并没有引起太多注意的案件，经由网络转载之后，有可能会转变为热点事件。例如，2009 年发生在云南的“躲猫猫”事件，最初发表是《云南信息报》刊登的《看守所里面的致命游戏》一文报道。但经过天涯、网易、凤凰网等媒体的转载后，一个由云南当地报纸报道的案件转变为全国性事情。

其次，这种助力表现在强大的网络舆论可以分担一部分媒体所要面对的压力。敏感的司法事件被网络舆论化以后，新闻媒体的报道就获得了民意和舆论的背书，从而获得了报道的合法性和安全性。正是有了舆论的支持和合力，媒体才获得了与控制力量博弈的资本，从而争取更多的采访权和报道权。

最后，网络还可以为专业媒体的调查提供智力支持。所谓“高手在民间”，新闻记者个人的知识毕竟有限，而网络社会上则有着太多某一领域的专业人士，他们往往对某一事件会采取发帖以及评论的形式进行技术分析，这些分析完全可以帮助记者完成深度的采访和调查。甚至，在“网民参与”的监督升级的情况下，一些地方还出现了网民监督、帮助司法机关破案的案例，例如，浙江“钱云会”案中，温州警方就对网友自发组织的调查行为采取了默许的态度。

在现阶段，虽然网络的力量已经十分强大，并且由其推动了社会和司法的进步，但它还存在许多弊端和问题，比如网络社会的不文明、不理智现象，网络成为“市民广场”的同时，也成为不满情绪的“宣泄场”和“垃圾堆”。然而作为司法机关而言，即使是有些不好的情绪在网络上表达，也应该看作其中蕴含了人们对其善政、公正期待的合理性。

当然在现阶段，网络作为单一因素形塑司法形象的客观现实已被广泛承认，但其真正发挥作用还是需要专业媒体的积极参与。如图 4.12 所示，网络媒介和传统媒介正是相互接力、借力、助力，共同完成了对司法的报道与监督。

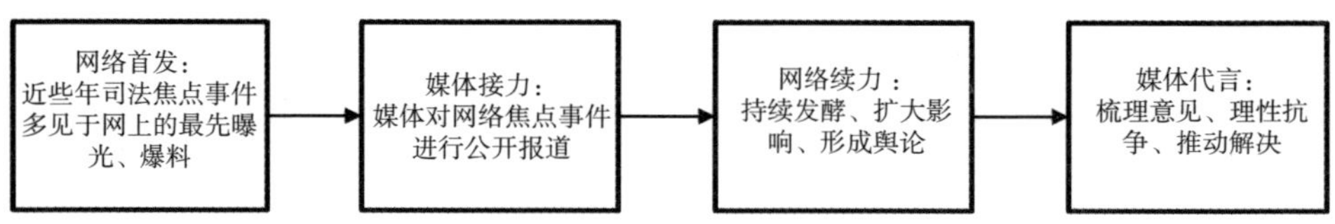

图 4.12　媒体推动司法议题的一般流程

（二）精英的代言：法律工作者群体

另一个重要的社会权力因素则是专业的法律群体。我们还是先回到社会团体这一概念，近些年，民间社会团体在中国日渐壮大。我们在上一章节中有过分析，中国的社会团体情况有别于西方，一部分社团本身就脱胎于体制，与体制保持着若即若离的关系；而另一部分社团则需要“对口登记管理”，并且这种登记制度对一些敏感领域是不予开放的。虽然近些年，社会团体和 NGO（非政府组织）在环保、医疗、教育等议题上，已经能够发出一定的声音，但作用毕竟有限，并且它们与政府的关系只能是建言、推动，无法作为政府的抗衡力量而存在。而回到司法这一敏感领域，充分自主的社会团体则根本不具备孕育的土壤。一种替代的方式是，法律工作者——包括律师、法律专家、学者和一些公共知识分子——渐渐形成了一个以职业、身份和理念、理想为依据的想象共同体和职业共同体，这一共同体既无实体的组织，也无成文的章程，更缺乏主导人物。但是在一些公共议题发生时，或者某位被他们认为是自己一分子的成员受到了不公正的对待时，这一想象的身份共同体和职业共同体成员们会发出一致的声音，进行相互间的声援和支持，客观上形成了一种类似于社会团体的民间力量。并且，由于这些法律人士具备了相当高的知名度和社会声望，再加之他们对法律知识的专业和熟稔，更加强化了这一民间力量的话语权利和对抗资本。

当然不可否认的是，法律工作者群体之所以能够形成一股重要的力量，也是得益于网络的兴起。如果没有了网络新媒体这一可以提供实时交互和观点表达的舆论工具，单是通过在报纸上发表几篇评论文章（而事实上，报纸可以给法律工作者们的表达空间和话语尺度都非常有限），是很难形成合力进而对政府和司法部门产生压力的。从这一点上说，网络再次充当了为专业媒体助力的角色。

不管是网络所聚集起的舆情民意，还是想象共同体所表达出的观点意见，都在为社会化媒体设置着议程。对于社会话语体系中的新闻媒体而言，不管其是偏重于公共利益，还是偏重于市场逻辑，既能够紧跟社会热点，从而起到笼络读者，占领市场的效果，同时又可以完成媒体的监督使命，担负起社会责任，从而树立正面的媒介形象，显然，这样的选题是各家媒体都梦寐以求的。当然，这也说明了在现阶段，媒介的权力和社会的权力都还不够强大，还不具备单方面对抗政治权力和经济权力的资本。因此，两者的合谋与合作就显得非常重要，于是我们看到，在当下的中国社会，社会话语寻求依附于媒体话语进而得到更加有力的表达，而媒体则通过报道聚集和裹挟了更强大的社会力量，两者互相成就，进而才能促成某一事件的解决，推动某项改革的进步。

（三）媒体的专业主义操作

而对于媒体来讲，社会话题进入到自己的表达议程之后，它们又是如何操作的呢？针对我们的研究选题，对这一问题的回答，事关司法媒介形象的最终再现效果。

社会话语本身蕴含了对公权力的批判精神，暗含了对政治权力的制衡和对不断改革的要求。社会改革的根本目的就是要消除政治权力和社会权力之间的不同的利益诉求，从而达成双方利益的统一，这种统一一天达不成，对抗就一天也不会停止，社会正是在政治权力与社会权力的不断对抗和妥协中取得进步的。这是不管在任何历史时期，不管在任何社会制度下都普遍适用的基本规律。

正是基于这一点，在当前中国的语境下，不加智慧、不加变通地表达社会利益诉求，恐怕还是一件具有风险的事情。社会话语媒体终究是市场经济中的一个经营主体，它必须在政治、经济、社会三者的张力之间寻求自身生存和发展的空间。因此，媒体往往借助新闻专业主义的框架和模式，对敏感事件进行话语转换，从而实现社会利益表达的同时，确保自身的政治安全和经济效益。

笔者认为，新闻专业主义应该具备两个层面的基本含义：一个是理想层面，或曰抽象层面的含义；另一个是操作层面，或曰具体层面的含义。对于第一个层面的含义，似乎更应该跳出具体的操作规范，从形而上的层面去理解。考察20世纪30年代美国新闻专业主义的兴起，可以发现，新闻专业主义代表着一种理念，或曰新闻理想，它应该是独立于政治权力和经济权力的，应该是代言并服务于社会权力和公共利益的，从一定程度上说，为公众代言、关心社会福祉、谋求社会利益，是新闻专业主义媒体取得道德优越感和话语合法性的根本基础。

而对于第二个层面的含义，则是一种具体的、操作层面的规范，是公共理想的具体化，它要求媒体要尽量杜绝政治和经济的干扰，尽量维持报道的客观、公正，不做政治和经济权力的附庸。

对于真正关心社会进步，富有新闻理想的记者群体而言，从两个层面接受新闻专业主义这个舶来品，并不是一件困难的事情，因为这一主义所主张和蕴含的精神实质，恰恰和中国文化精英、记者精英代代相传的传统相契合。一方面，中国知识分子，素有“文人论政”的悠久传统，千百年来，无数优秀的中华儿女秉承着“天下兴亡，匹夫有责”“先天下之忧而忧，后天下之乐而乐”的家国情怀，这种情怀到了近代，就促成了一批又一批以“铁肩担道义，辣笔著文章”为念的知识分子投身报业。而在当下，这些传统又表现为优秀的新闻工作者们对社会、对国家、对人民的关心，并以此作为个人奋斗的正当性的来源。另一方面，中国新闻业自近代肇始，无数报业先驱，如邵飘萍、范长江、邹韬奋、黄远生、储安平等，无不把新闻的求真、新闻的公正作为自己记者生涯的一贯追求。而随着社会主义政权的建立，虽然新闻受马克思主义新闻观、列宁办报思想和苏联新闻体制的影响，但是新闻的求真、公正、客观仍然作为新闻业的基本操守被政权所承认。时至今日，这些新闻专业主义的元素重新汇聚，成为新闻报道的职业规范。

新闻专业主义对于社会话语得以表达所产生的最大意义在于，它以公平、客观的名义为社会话语争取到了同政治权力同等的表达空间。在党报和机关报的报道框架中，我们往往看到党的思想被冠以绝对的权威，党的话语呈现出压倒性的优势；在党报和司法机关报的报道中，专家学者和普通民众的话语只能是作为党和司法机关正确领导的补充和佐证，于是，党和司法的形象都显得正面而单一。显然，在社会话语媒介的报道框架中，这样的情况得到了很大的改观。

新闻专业主义的理念强调客观，在操作层面上，这种客观体现为相关信源获得同等的表达机会和平等的话语地位。这样做的结果就是，媒体为社会话语争取到了在官方媒体不可能实现的与官方话语对等的表达机会。客观、公正这一最基本的新闻属性，是包括监管者在内的社会各界都普遍承认的行业道德准则。因此，对于采取新闻专业主义的媒体，监管者原则上既不好说什么，也说不出什么，于是，专业主义框架一定程度上成为媒体的自保框架。但实际上，通过文本阅读可以体会到，专家和公众的意见往往保持一致，从而在比重上，两者的合谋使得社会话语压过了官方话语。此外，官方话语往往没有经过通俗化的转化，而专家、公众的话语则相对显得更具亲和力和感染力。于是，我们看到在使用新闻专业主义框架进行司法新闻报道时，社会舆论往往可以得到充分的表达，在大部分情况下，它与权威的司法机关处于平等地位，甚至在实际效果上，它的传播效果可能还会好于司法机关，这也导致了通过新闻专业主义框架所呈现的司法形象更加多元化，也更加复杂化。

除了在新闻报道中运用新闻专业主义的框架，社会话语堂而皇之地进入媒介表达还有另外一种方式，那就是通过知识分子撰稿人在媒体上所发表的评论。新闻评论往往可以拨开事件的遮蔽，直达问题的核心，评论者的观点一般不需要进行过多的话语转化的处理方式，从而显得更加明确化和具有明显的倾向性。使用和报社没有雇佣关系的知识分子撰稿人所写作的评论，是任何性质的报刊都普遍采用的模式，对于公共利益媒体而言，这一做法一方面在提升媒介思想水平和文章质量的同时，更能够减少自身可能遭受的来自体制的压力。最终的效果是，媒体为知识分子开辟了一块可以展开批评和辩论的“广场”。

当然，知识分子撰稿人同媒体的互动，虽然强化了社会权力的话语表达，但是这种话语毕竟是精英式的，司法改革议题需要的不光是精英们的顶层设计，而更应以普通民众的切身利益作为改革的出发点和落脚点。从这个意义上讲，摆在公共利益媒体面前的道路还有很长。

参考文献

一、参考著作

1. 习近平:《高举中国特色社会主义伟大旗帜 为全面建设社会主义现代化国家而团结奋斗——在中国共产党第二十次全国代表大会上的报告》，人民出版社 2022 年版。

2. 习近平:《决胜全面建成小康社会 夺取新时代中国特色社会主义伟大胜利——在中国共产党第十九次全国代表大会上的报告》，人民出版社 2017 年版。

3. 胡锦涛:《坚定不移沿着中国特色社会主义道路前进 为全面建成小康社会而奋斗——在中国共产党第十八次全国代表大会上的报告》，人民出版社 2012 年版。

4. [德] 马克斯 · 韦伯，林荣远译:《经济与社会》，商务印书馆 1997 年版。

5. 陈力丹:《世界新闻传播史（第二版）》，上海交通大学出版社 2007 年版。

6. 陈力丹:《精神交往论：马克思恩格斯的传播观》，中国人民大学出版社 2008 年版。

7. [美]威尔伯·施拉姆、威廉·波特,何道宽译:《传播学概论（第 2 版）》，中国人民大学出版社 2010 年版。

8. 金鸣娟:《人类传播与社会发展》，中国广播电视出版社 2009 年版。

9. [美] 罗杰斯，殷晓蓉译:《传播学史：一种传记式的方法》，上海译文出版社 2005 年版。

10. [德] 伊丽莎白 · 诺尔 – 诺依曼，董璐译:《沉默的螺旋：舆论——我们的社会皮肤》，北京大学出版社 2013 年版。

11. [美] 约书亚 · 梅罗维茨，肖志军译:《消失的地域：电子媒介对社会行为的影响》，清华大学出版社 2002 年版。

12. 刘晓红:《西方传播政治经济学研究》，上海人民出版社 2007 年版。

13. 柯惠新、沈浩:《调查研究中的统计分析法（第 2 版）》，中国传媒大学出版社 2005 年版。

14. 柯惠新:《柯惠新自选集：让数据说话》，北京广播学院出版社 2004 年版。

15. [美] 迈克尔·辛格尔特里，刘燕南等译:《大众传播研究：现代方法与应用》，华夏出版社 2000 年版。

16. [美] 弗雷德里克·S. 西伯特等，戴鑫译，展江校:《传媒的四种理论》，中国人民大学出版社 2008 年版。

17. [英] 卡伦、[韩] 朴明珍编，卢家银等译:《去西方化媒介研究》，清华大学出版社 2011 年版。

18. [美] 丹尼尔·C. 哈林、[意] 保罗·曼奇尼，陈娟、展江等译:《比较媒介体制》，中国人民大学出版社 2011 年版。

19. 孙迎光、韩秀景:《组织形象塑造——现代公共关系理论与实践》，上海三联书店 2009 年版。

20. [美] 麦克斯维尔·麦库姆斯，郭镇之、徐培喜译:《议程设置：新闻媒体与舆论（第三版）》，北京大学出版社 2023 年版。

21. 张放:《虚幻与真实——网络人际传播中的印象形成研究》，中国社会科学出版社 2010 年版。

22. [荷] 迪克，曾庆香译:《作为话语的新闻》，华夏出版社 2003 年版。

23. 李希光:《新闻学核心》，南方日报出版社 2002 年版。

24. 魏永征、周丽娜:《新闻传播法教程（第三版）》，中国人民大学出版社 2010 年版。

25. 谢岳:《当代中国政治沟通》，上海人民出版社 2006 年版。

26. 谢庆奎等:《中国政府体制分析》，中国广播电视出版社 1995 年版。

27. 李元书主编:《政治体系中的信息沟通——政治传播学的分析视角》，河南人民出版社 2005 年版。

28. [英] 布赖恩·麦克奈尔，殷祺译:《政治传播学引论（第二版）》，新华出版社 2005 年版。

29.[英]约翰·埃默里克·爱德华·达尔伯格－阿克顿 侯健，范亚峰译:《自由与权力》，译林出版社 2011 年版。

30. 任东来等:《美国宪政历程：影响美国的 25 个司法大案》，中国法制出版社 2013 年版。

31. 张明杰主编:《改革司法——中国司法改革的回顾与前瞻》，社会科学文献出版社 2005 年版。

32. [法] 托克维尔，冯棠译:《旧制度与大革命（权威全译本）》，商务印书馆 2012 年版。

33. [法] 皮埃尔・布尔迪厄，许钧译:《关于电视》，南京大学出版社 2011 年版。

34. [德] 哈贝马斯，曹卫东等译:《公共领域的结构转型》，学林出版社 1999 年版。

35. 胡正荣:《传播学总论》，北京广播学院出版社 1997 年版。

36. [英] 戴维・巴特勒，赵伯英、孟春译:《媒介社会学》，社会科学文献出版社 1989 年版。

37. 张国良主编:《新闻媒介与社会》，上海人民出版社 2001 年版。

38. 林晖:《未完成的历史——中国新闻改革前沿》，复旦大学出版社 2004 年版。

39. 陆学艺主编:《当代中国社会阶层研究报告》，社会科学文献出版社 2002 年版。

40. [英] 丹尼斯・麦奎尔，刘燕南等译:《受众分析》，中国人民大学出版社 2006 年版。

41. [英] 大卫・麦克奎恩，苗棣等译:《理解电视》，华夏出版社 2003 年版。

42. [美] 沃纳・赛佛林、小詹姆斯・坦卡德，郭镇之等译:《传播理论：起源、方法与应用（第四版）》，华夏出版社 2000 年版。

43. 胡宁生主编:《中国政府形象战略》，中共中央党校出版社 1998 年版。

44. 康晓光:《权力的转移——转型时期中国权力格局的变迁》，浙江人民出版社 1999 年版。

45. 刘小燕:《中国政府形象传播》，山西人民出版社 2005 年版。

46. [德] 康德，李秋零译注:《纯粹理性批判（注释本）》，中国人民大学出版社 2011 年版。

47. 彭伟步:《信息时代政府形象传播》，社会科学文献出版社 2005 年版。

48. [法] 孟德斯鸠:《论法的精神》，商务印书馆 1961 年版。

49. 王利明:《司法改革研究》，法律出版社 2001 年版。

二、参考论文

1. 王绍光:《国家治理与基础性国家能力》,《华中科技大学学报（社会科学版）》2014 年第 3 期。

2. 潘忠党:《“补偿网络”：作为传播社会学研究的概念》,《国际新闻界》1997 年第 3 期。

3. 潘忠党:《新闻改革与新闻体制的改造——我国新闻改革实践的传播社会学之探讨》,《新闻与传播研究》1997 年第 3 期。

4. 李敬:《传播学视域中的福柯：权力，知识与交往关系》,《国际新闻界》2013 年第 2 期。

5. 倪寿明:《司法公开问题研究》，中国政法大学博士学位论文，2011 年。

6. 郑保卫:《论传媒与司法的良性互动》,《当代传播》2008 年第 6 期。

7. 付罗芬:《庞德社会控制理论研究》,《法制与社会》2010 年第 33 期。

8. 张志安、沈菲:《调查记者的职业满意度及影响因素研究》,《新闻与传播研究》2012 年第 4 期。

9. 张志安、张京京、林功成:《新媒体环境下中国新闻从业者调查》,《当代传播》2014 年第 3 期。

10. 张志安、沈菲:《中国调查记者行业生态报告》,《现代传播》2011 年第 10 期。

11. 程曼丽:《“扒粪”之后需要什么？——兼谈“中国梦”》,《新闻与写作》2013 年第 1 期。

12. 于惠惠:《本诺伊特形象修复理论及其中国语境应用性研究》，重庆大学硕士学位论文，2013 年。

13. 吴小冰:《政府公共危机沟通策略探讨——归因理论与形象修复理论的视角》,《东南传播》2010 年第 6 期。

14. 张宁:《微传播,微关系:对广东省三个政务微博的考察》,《现代传播(中国传媒大学学报)》2013 年第 4 期。

15. 张宁:《中国转型时期政府形象的媒介再现》,复旦大学博士学位论文,2007 年。

16. 刘小燕:《谈政府对外传播中的“硬环境”——“相互依赖”与“交叉依赖”的视角》,《现代传播(中国传媒大学学报)》2013 年第 2 期。

17. 张恩韶:《网络舆论危机下的当代中国政府形象塑造》,华东师范大学博士学位论文,2011 年。

18. 肖泽平:《重庆北部新区政府形象传播调查研究》,西南大学硕士学位论文,2009 年。

19. 宣宝剑:《媒介形象系统论》,中国传媒大学博士学位论文,2008 年。

20. 靖鸣:《“党报不得批评同级党委”——1953 年广西〈宜山农民报〉批评中共宜山地委事件及其争论的前前后后》,《新闻与传播研究》2004 年第 3 期。

21. 张志安、吴涛:《“宣传者”与“监督者”的双重式微——中国新闻从业者媒介角色认知、变迁及影响因素》,《国际新闻界》2014 年第 6 期。

22. 栾轶玫:《媒介形象生成的社会空间——一个关于媒介空间关系资源的理论》,《中国政法大学学报》2008 年第 3 期。

23. 马学杰:《浦东新区政府形象传播实证研究》,复旦大学博士学位论文,2006 年。

24. 陈相雨:《政府形象传播:畸变、批判及面子技术——一种本土社会心理学分析视角》,《政治学研究》2010 年第 4 期。

25. 刘小燕、丁学梅:《政府形象传播的类型及方法》,《国际新闻界》2005 年第 4 期。

26. 刘小燕:《政府形象传播的理论框架》,《现代传播》2005 年第 4 期。

27. 房杰:《警方危机传播研究》,复旦大学硕士学位论文,2009 年。

28. 荆学民:《论中国特色政治传播中的“主体”问题》,《哈尔滨工业大学学报(社会科学版)》2013 年第 2 期。

29. 潘祥辉:《去科层化:互联网在中国政治传播中的功能再考察》,《浙江社会科学》2011 年第 1 期。

30. 郎劲松、侯月娟:《现代政治传播与新闻发布制度》,《现代传播》2004年第3期。

31. 段鹏:《政治新闻的控制与沟通——政府与新闻媒介的互动》,《现代传播(中国传媒大学学报)》2010年第3期。

32. 荆学民、施惠玲:《政治与传播的视界融合：政治传播研究五个基本理论问题辨析》,《现代传播(中国传媒大学学报)》2009年第4期。

33. 陈力丹、孙江波:《从“违规擅自发布”受罚到信息公开——由〈突发事件应对法草案〉两条款删改引发的思考》,《民主与科学》2007年第4期。

34. 潘祥辉:《对自媒体革命的媒介社会学解读》,《当代传播》2011年第6期。

35. 孟建:《国家形象建构与中国政府新闻发布制度》,《国际新闻界》2008年第11期。

36. 滕朋:《从组织传播到大众传播——我国突发事件传播模式研究》,《新闻前哨》2007年第7期。

37. 陈艳:《集结的力量：乌坎事件社会传播网络研究》，浙江大学博士学位论文，2013年。

38. 叶皓:《论政府的新闻议程设置》,《江海学刊》2009年第6期。

39. 吴星:《〈法制日报〉法制新闻研究》，河北大学硕士学位论文，2008年。

40. 薛朝凤:《法制新闻话语叙事研究》，上海外国语大学博士学位论文，2010年。

41. 夏琼、李洋:《政治逻辑与经济逻辑交织中的法制新闻——1997—2006年中国新闻奖法制题材作品量化分析》,《新闻与传播评论》2007年第21期。

42. 许冬琳:《都市类报纸法制新闻娱乐化倾向的研究——以〈华西都市报〉、〈京华时报〉、〈南方都市报〉为例》，西南政法大学硕士学位论文，2011年。

43. 范春晓:《对党报法制新闻的报道分寸的探索》，安徽大学硕士学位论文，2007年。

44. 李润阳:《微博法制新闻报道的特色与缺陷——以“法制日报V”微博为例》,《新闻世界》2014年第3期。

45. 胡春阳:《传播的话语分析理论》，复旦大学博士学位论文，2005年。

46. 赵为学:《论新闻传播学话语分析理论的建构》，上海大学博士学位论文，

2008年。

47. 赵为学:《新闻传播学研究中话语分析的应用：现状、局限与前景》,《上海大学学报（社会科学版）》2008年第4期。

48. 陈世香:《“烂尾新闻”的套路与成因》,《人民论坛》2013年第15期。

49. 蔡雯、翁之颢:《如何杜绝新闻“烂尾”与“悬疑”？——以“院士讲座上的睡觉学生”事件为例》,《新闻记者》2015年第1期。

50. 陆高峰:《烂尾新闻与蛇尾新闻》,《青年记者》2010年第15期。

51. 刘勇:《“身份的焦虑”与“标签化”的隐忧——以“女干部骂保安”的报道为例》,《新闻记者》2015年第1期。

52. 邵娟:《媒介传播中的“刻板印象”及“标签化新闻”浅析》,《中国记者》2014年第9期。

53. 张潮、张洁:《社会现实、集体记忆和标签化报道的互动:“官二代”媒介形象的建构及其成因（2009—2012）》,《湖南师范大学社会科学学报》2013年第6期。

54. 陆亨:《使用与满足：一个标签化的理论》,《国际新闻界》2011年第2期。

55. 赵玉兰:《对我国法制新闻的传播学思考》，暨南大学硕士学位论文，2001年。

56. 李俊婷:《传播学视阈下媒介审判背后的舆论形成过程》,《西部广播电视》2014年第2期。

57. 虞浔:《1997年以来中国司法体制和工作机制改革进程中上海的实践与探索》，华东政法大学博士学位论文，2013年。

58. 鲁强:《当代中国司法改革过程研究》，中国政法大学博士学位论文，2008年。

59. 刘全娥:《陕甘宁边区司法改革与“政法传统”的形成》，吉林大学博士学位论文，2012年。

60. 刘李明:《社会舆论的司法意蕴分析》，吉林大学博士学位论文，2012年。

61. 迟日大:《新中国司法制度的历史演变与司法改革》，东北师范大学博士学位论文，2003年。

62. 陈光中、龙宗智:《关于深化司法改革若干问题的思考》,《中国法学》

2013 年第 4 期。

63. 陈卫东:《司法机关依法独立行使职权研究》,《中国法学》2014 年第 19 期。

64. 谷安梁:《论我国司法制度的转型——我国司法改革的主要问题》,《政法论坛》2001 年第 4 期。

65. 赵阳:《媒体在司法机关舆情危机时形象修复效能研究》，西南政法大学硕士学位论文，2012 年。

66. 王爱玲:《中国网络媒介的主流意识形态建设研究》，大连理工大学博士学位论文，2012 年。

67. 张志安:《编辑部场域中的新闻生产——〈南方都市报〉个案研究(1995—2005)》，复旦大学博士学位论文，2006 年。

68. 文九:《社会转型期〈南方周末〉批评性报道研究》，武汉大学博士学位论文，2013 年。

69. 贺卫方:《传媒与司法三题》,《法学研究》1998 年第 6 期。

70. 曾繁旭:《社会的喉舌：中国城市报纸如何再现公共议题》,《新闻与传播研究》2009 年第 3 期。

71. 曾庆香、黄春平、肖赞军:《谁在新闻中说话——论新闻的话语主体》,《新闻与传播研究》2005 年第 3 期。

72. 耿欣:《无法抵达灾难现场的深度报道：能不能做，如何做？——以〈新京报〉相关报道为例》,《中国记者》2014 年第 9 期。

73. 张丰蘗、郭小燕:《法制新闻报道在定位不同的媒体上的媒介表现的差异——对〈法制晚报〉、〈京华时报〉、〈南方周末〉的内容分析》,《科技传播》2011 年第 7 期。

74. 周安平:《涉诉舆论的面相与本相：十大经典案例分析》,《中国法学》2013 年第 1 期。

75. 徐骏:《司法应对网络舆论的理念与策略——基于 18 个典型案例的分析》,《法学》2011 年第 12 期。

76. 陈薇:《媒体话语中的权力场：香港报纸对中国大陆形象的建构与话语策略》,《国际新闻界》2014 年第 7 期。

77. 常江、杨奇光:《罪与罚:〈新快报〉事件及其行业影响》,《新闻界》2014 年第 2 期。

78. 吴飞:《新闻场与社团组织的权力冲突与对话》,《南京社会科学》2010 年第 4 期。

79. 王君玲:《新闻生产社会学研究的范畴、理论与发展》,《东南传播》2008 年第 9 期。

80. 邵培仁、展宁:《探索文明的进路——西方媒介社会学的历史、现状与趋势》,《广州大学学报(社会科学版)》2013 年第 5 期。

81. 童兵:《从“外部断奶,内部搞活”说起——兼议新闻体制改革的目标设定》,《新闻知识》1998 年第 6 期。

82. 刘金丽:《〈人民日报〉政府形象再现研究》,西南政法大学硕士学位论文,2011 年。

83. 李艳红:《一个“差异人群”的群体素描与社会身份建构:当代城市报纸对“农民工”新闻报道的叙事分析》,《新闻与传播研究》2006 年第 2 期。

84. 李兴:《“政法”:中国现代法律传统的隐性维度》,《新课程(下)》2016 年第 7 期。

85. 李彪:《新闻传播学研究方法的构造——对 1995—2007 年我国四种主要学术期刊的考察》,《国际新闻界》2008 年第 1 期。

86. 夏倩芳、袁光锋:《“国家”的分化、控制网络与冲突性议题传播的机会结构》,《开放时代》2014 年第 1 期。

87.Chen Ni: Branding national images:The 2008 Beijing Summer Olympics, 2010 Shanghai World Expro, and 2010 Guangzhou Asian Games, *Public Relations Review*, 2012.

88. Lee Mordecai: The images of the government flack:movie depiction of public relations in public administration, *Public Relations Reviews*, 2001.

89. Jiang Shanhe, Wang Jin, Lambert Eric: Correlates of informal social control in Guangzhou, China neighborhoods, *Journal of Criminal Justice*, 2010.

90. Chen Xiaoming: Social Control in China: Applications of the Labeling Theory and the Reintegrative Shaming Theory, *International Journal of Offender Therapy and*

Comparative Criminology, 46（1）, 2002.

91. Rodriguez Mosquera: Perceived social image and life satisfaction across cultures, *Cognition & Emotion*, 2013.

92. Wakefield, Juliet R.H.; Hopkins, Nick; Greenwood, Ronnie Michelle: Meta-stereotypes, Social Image and Help Seeking: Dependency-Related Meta-stereotypes Reduce Help-Seeking Behaviour, *Journal of Community & Applied Social Psychology*, 2013.

93. Sun, Aixin; Bhowmick, Sourav S; Nam Nguyen, Khanh Tran; Bai, Ge: Tag-based social image retrieval: An empirical evaluation, *Journal of the American Society for Information Science and Technology*, 2011.

94. Schudson, M.: The sociology of news production, Media, *Culture & Society*, 1989.

95. Benson, Rodney: Bringing the Sociology of Media Back In, *Political Communication*, 2004.

96 Salmi Satu; Voeten Marinus J.M; Keskinen Esko: Relation between police image and police visibility, *Journal of Community & Applied Social Psychology*, 2000.

97. Baldwin Roger: The Consequences of the Overdistention of Authority and the Police Image, *Criminology*, 1970.

98. Mswby Rob C: Promoting the Police? The Rise of Police Image Work, *Criminal Justice Matters*, 2001.

99. Goldsmith Andrew John: Policing' s New Visibility, *The British Journal of Criminology*, 2010.

100. Rus Claudia Lenuta; Raitu Lucia; Vonas Gabriel; Baban Adriana: Police Organizational Image and Performance: the Citizens' View, *Procedia-Social and Bebavioral Sciences*, 2013.

三、参考政策、法规

1.《中华人民共和国突发事件应对法》

2.《最高人民法院关于人民法院接受新闻媒体舆论监督的若干规定》

3.《中共中央关于全面推进依法治国若干重大问题的决定》
4.《中华人民共和国宪法（2004 年修正）》
5.《人民法院第一个五年改革纲要（1999—2003）》
6.《人民法院第二个五年改革纲要（2004—2008）》
7.《人民法院第三个五年改革纲要（2009—2013）》
8.《人民法院第四个五年改革纲要（2014—2018）》
9.《人民法院第五个五年改革纲要（2019—2023）》
10.《中国的司法改革》白皮书（2012）
11.《检察工作五年发展规划（1999—2003）》
12.《检察队伍建设三年规划》
13.《检察改革三年实施意见》
14.《关于深化检察改革的意见（2013—2017 年工作规划）》
15.《关于全面深化公安改革若干重大问题的框架意见》
16.《关于司法公开的六项规定》
17.《人民检察院“检务公开”的具体实施办法》
18.《公安机关执法公开规定》
19.《最高人民法院关于推进司法公开三大平台建设的若干意见》
20.《最高人民检察院职务犯罪大要案信息发布暂行办法》
21.《关于加强对报纸、期刊、图书审读工作的通知》
22.《报纸出版管理规定》
23.《期刊出版管理规定》
24.《中国共产党党内监督条例》